少儿百科探秘

SHAOER BAIKE TANMI

交通和航天

JIAOTONG HE HANGTIAN

张 哲 编著

中国出版集团　现代出版社

图书在版编目（CIP）数据

交通和航天 / 张哲编著. —北京：现代出版社，
2012.12
（少儿百科探秘）
ISBN 978-7-5143-0895-2

I. ①交… II. ①张… III. ①交通—少儿读物②航天
—少儿读物 IV. ①U-49②V4-49

中国版本图书馆 CIP 数据核字（2012）第 274818 号

少儿百科探秘
SHAOER BAIKE TANMI

交通和航天
JIAOTONG HE HANGTIAN

作　　者	张　哲
责任编辑	袁　涛
出版发行	现代出版社
地　　址	北京市安定门外安华里 504 号
邮政编码	100011
电　　话	(010) 64267325
传　　真	(010) 64245264
电子邮箱	xiandai@cnpitc.com.cn
网　　址	www.modernpress.com.cn
印　　刷	汇昌印刷（天津）有限公司
开　　本	700×1000　1/16
印　　张	10
版　　次	2013 年 1 月第 1 版　2021 年 3 月第 3 次印刷
书　　号	ISBN 978-7-5143-0895-2
定　　价	29.80 元

　　交通工具的诞生解放了人类的双脚，使我们能够轻松地漂洋过海、飞天入地。从此，诺大的地球逐渐变成了小小的地球村。各式各样的交通工具拉近了人与人之间的距离，让我们的生活更加便捷，然而，交通工具发展到今天并不是一帆风顺的。从传统的畜力交通工具，到近代的人力工具，再到现代高速发达的机械交通工具，这期间经过了一个缓慢的过程，尤其是现代交通工具凝聚了无数人的心血。

　　在漫长的岁月中，好奇心和求知的渴望伴随着一代又一代的人们不断去探索宇宙。在探索宇宙的过程中，人类曾经历了惨痛的失败，也取得过辉煌的成就，航天事业就这样一步步地走到了今天。如今，人类不仅实现了将人造卫星、航天飞机、宇宙飞船、太空站等送入太空的梦想，而且还在月球上留下了自己的脚印。这些辉煌成就的取得是全人类共同努力的结果，也是我们认识自然、探索宇宙留下的宝贵财富。

　　本书分"交通"和"航天"两大部分，前一部分主要从陆上交通工具、水上交通工具、空中交通工具、交通设施等方面展开介绍，通过浅显流畅的文字，让广大读者在了解各种交通工具的同时更进一步了解交通工具的历史发展进程。后一部分则以人类航天事业的发展过程、各种航天工具以及人类探索宇宙的主要方式等为主，向读者全面展示航天事业的广阔舞台。我们期待和您一起走进《交通·航天》的世界！

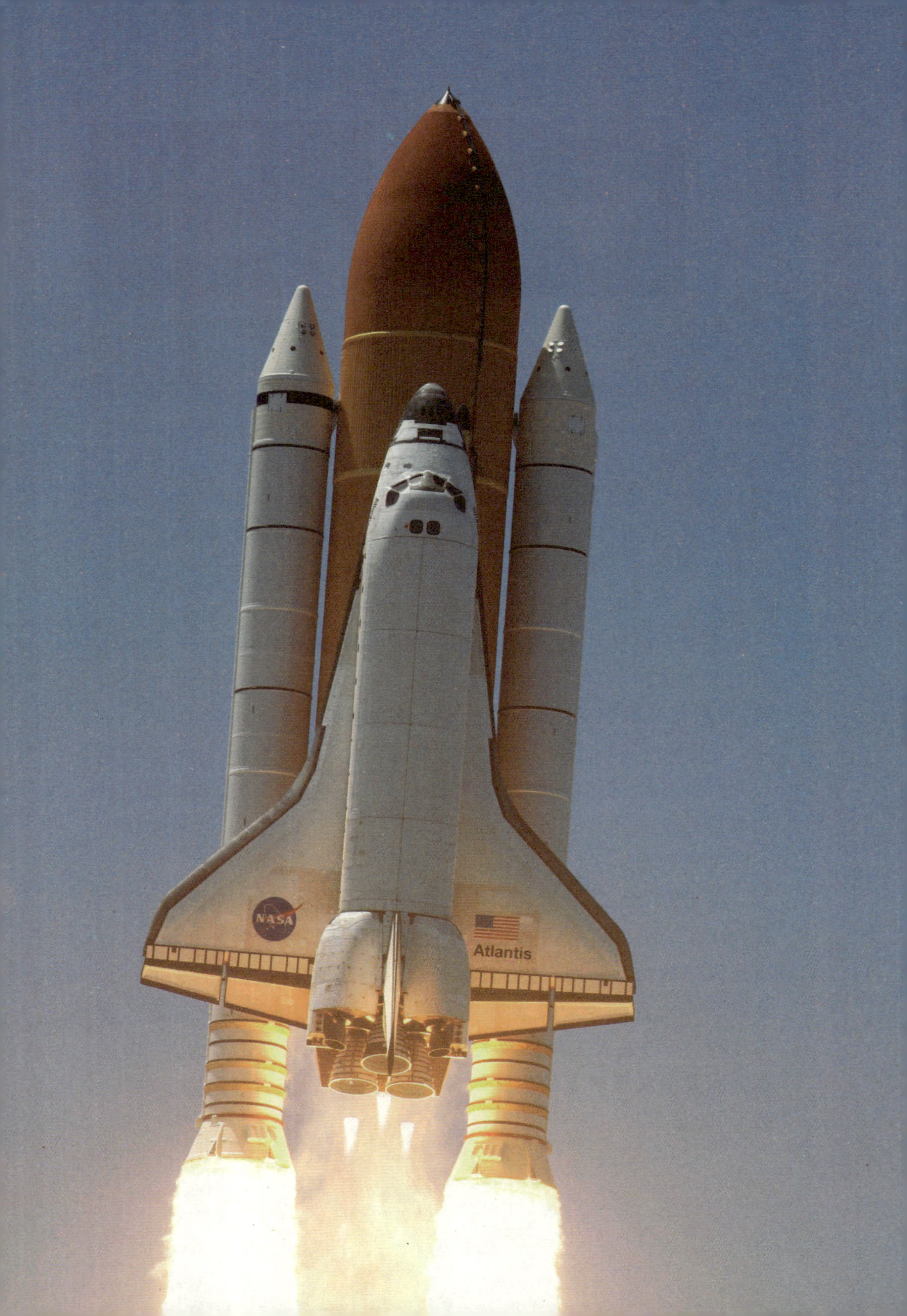
Atlantis

目录
CONTENTS

目录
CONTENTS

交通篇

　　古往今来，人们利用各种交通工具延伸着自己的脚步，扩大着自己的生活范围。然而，交通工具发展到今天并不是一帆风顺的。从传统的畜力交通工具，到近代的人力交通工具，再到现代高速发达的机械交通工具，这期间经过了一个缓慢的过程，尤其是现代交通工具凝聚了众多科学家的心血。

走得更远

古往今来，人们利用各种交通工具延伸着自己的脚步，扩大着自己的生活范围。发展到今天，无论是陆上交通、水上交通还是空中交通，都有了翻天覆地的变化，它们满足了人们出行的各种需要，也是时代进步的标志。

最早的代步工具——自行车

自行车是现代使用较多的一种交通工具，可以说，它是我们最早使用的代步工具。自行车不仅价格便宜，而且简单易学，又易于停放，为人们的出行带来了极大的方便。

火车

在蒸汽机车发明之后，火车出现了。人们就开始利用它拉动长长的车厢运送货物、运载旅客。因为火车的安全性能比较高，所以它一直是人们长途旅行的主要工具，而且，铁路运输也一直发挥着重要的作用。

↑早期的自行车

↓蒸汽火车

公共汽车

公共汽车是一种短程大众运输工具,也称作"公交车"或"巴士"。它有固定的站点和路线,是现在人们使用最多的交通工具之一。由于乘坐公共汽车价格低廉而又快捷,因此深受普通大众的欢迎。

舒适的客轮

坐在舒适的客轮里,欣赏着海景,是每个人的愿望,客轮让这种美好的愿望成为了可能。客轮分为普通客轮和豪华客轮,豪华客轮的性能十分优越,不仅有餐厅、舞厅,还有酒吧、放映厅、图书馆等,就像是一座移动的城市。

方便快捷的飞机

在飞机没有出现之前,人们想做环球旅行只能是个梦想。如今,人们可以乘坐飞机飞向想去的任何地方。飞机的出现,不仅节省了人们出行的时间,而且大大缩短了世界的距离,使人类可以快乐地漫步地球村。

↴ 客机

早期的交通工具

很早以前，人类没有任何交通工具，于是，一群生活在人类身边的动物就成为人类早期的交通工具。但是，人类的探索是没有止境的，他们运用智慧发明了独木舟、竹筏、老爷车等交通工具，这些交通工具被荣耀地载入史册。

飞奔的使者

马是一种受人喜爱的动物，它行动快速、体格健壮，不论是在交通运输，还是在沙场上征战，都一度成为人类的得力助手。甚至到了今天，在一些发展还相对落后的地区，马仍然是当地的主要劳动力。

⬆马车

⬆早期的公共汽车

最早的公共汽车

世界上第一辆公共汽车是靠蒸汽机驱动的，它的外观更像是一辆火车。它是1825年由英国人戈尔沃斯·格尼公爵发明的，时速可达19千米，可供18人乘坐。

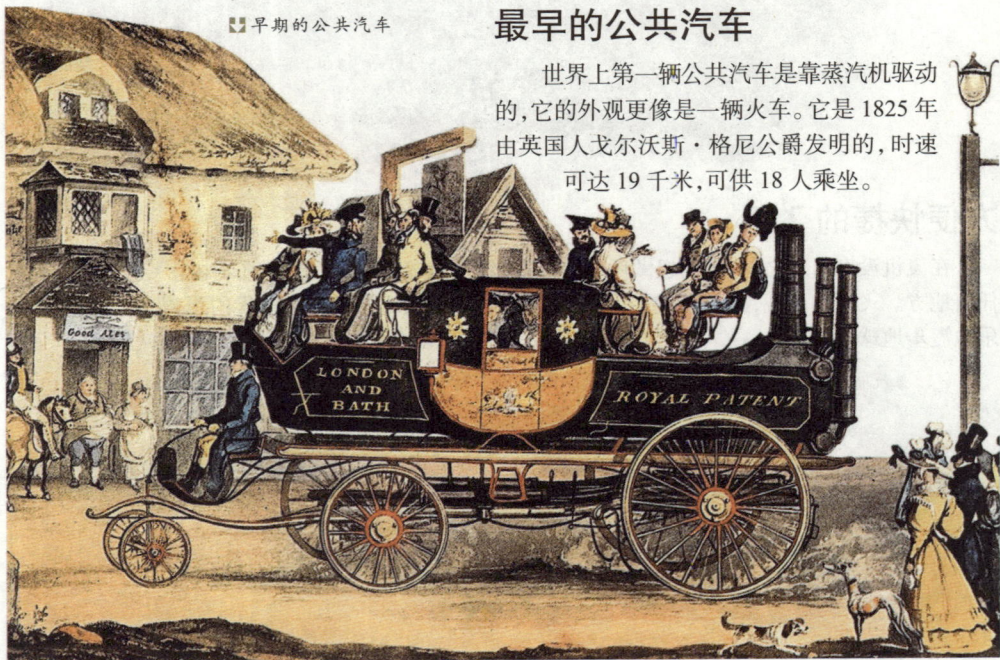

船的雏形

　　很早的时候,人们将整个树木砍倒后,利用火烧或者石斧砍凿,直接将其掏空制成独木舟。可以说,独木舟是现代船只最早的雏形。它已初步具备了船的基本特征,拥有船底、船舷和船舱,可以方便地运载人和物。

↑ 独木舟

安全的竹筏

　　直到今天,我们还可以在我国南方一些地方,看到用竹子制成的水上交通工具——竹筏。将竹子并排用藤条扎在一起,就制作了竹筏。竹筏吃水量少、浮力强,所以行驶起来非常安全。

↑ 竹筏

老爷车

　　作为汽车家族中的元老级成员,老爷车早就退出了历史的舞台,但是它的影响力是巨大的。早期的老爷车很像马车,不同之处就是它们不需要马来拉车,而是使用了机械动力来行驶。

↩ 老爷车

交通标志

　　交通标志是人们专门设计的应用于管理日常交通的一套符号，用特定的图形符号和文字传递特定的信息，保证道路的通畅和行人、车辆的安全。交通标志都设计得很醒目，表示的内容也简单易懂。

陆上交通标志的分类

　　陆上交通标志主要分为主标志和辅助标志。主标志包括警告标志、禁令标志、指示标志和指路标志四种。在一些需要特别说明的地方，比如需要特别说明时间、区域等一些信息时，就需要在主标志下面另外加上辅助标志说明。

⬆ 在高速路上，随处可见提醒人们遵守交通规则的标志。

常见的陆地交通标志

　　交通指示标志通常用箭头来表示，比如直行、左转弯、右转弯等。最常见的警告标志当属感叹号标志了，在一些正在维修的路段或建筑工地旁边都会看到这样的标志。在小学、幼儿园、少年宫、游乐场等儿童频繁出入的场所或通道处，常设有注意儿童的标志。

⬆ 盘山道上的转弯标志

水面的浮标

浮标就是浮在水面上的航标,用锚固定在一定的位置上。11世纪前后,浮标走进了人类的航海生活。浮标最开始用声发信号;后来,人们发明出了自动哨子,依靠流动的空气产生哨音。现在,也有采用灯光做信号的。

➡ 浮标的功能是标示航道范围,指示浅滩或危及航行安全的障碍物。

禁令标志

禁令标志是对车辆或行人加以禁止或限制的标志,如禁止通行、禁止停车、禁止左转弯、禁止鸣喇叭等标志。在机动车行车道上,通常设有禁止非机动车通行的标志;在一些繁华的路段,通常设有禁止畜力车通行的标志。

↑ 交通标志

交通设施

　　为了辨明方向、避开危险，人们发明了很多交通设施。它们对交通起到了重要的调节作用，大大减少了事故的发生。正是因为有这些设施的帮助，交通才能一路顺畅，车辆也能更加安全地行驶了。

马路上的红绿灯

　　在十字路口，常常可以见到红绿灯，它提醒着人们"红灯停，绿灯行"，保证车辆的畅通行驶以及行人的过街安全。红灯和绿灯中间的黄灯起过渡作用，在红灯变绿灯之前，提醒驾驶员准备刹车；在绿灯变红灯之前，提示驾驶员做好启动准备。

图一　　图二　　图三　　图四

　　许多欧洲或美洲国家使用的灯号系统：1.禁止通行，2.即将开放通行，3.自由通行，4.即将停止通行。

　　红绿灯

减速带

在公路道口、学校及住宅小区附近，常可以见到减速带。减速带是安装在公路上使经过的车辆减速的交通设施，其形状一般为条状，主要由橡胶制成，一般以黄色、黑色相间以引起视觉注意。减速带在很大程度上减少了交通事故的发生。

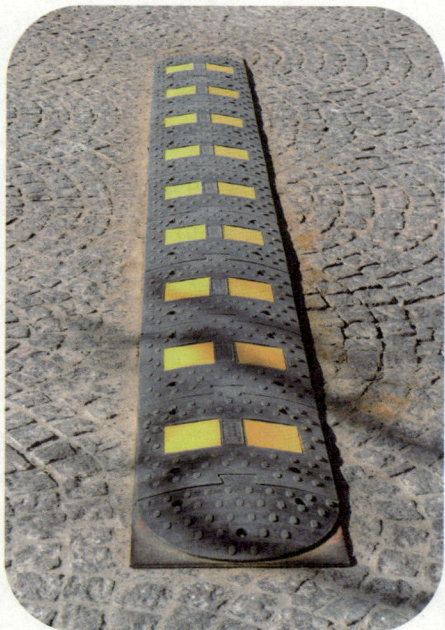
◀ 减速带

无线电导航

随着人类科学技术的发展，无线电技术被引进航海领域，无线电航标就是代表。它主要由无线电指向标、无线电导航台、雷达指向标等几部分组成。用无线电与过往的船只取得联系，告知其水域的情况，协助其安全地航行。

➡ 设置在海港用来导航的灯，它是夜行船只的安全保障。

着陆指示灯

飞机的着陆指示灯安装在飞机机翼的翼根，左右各两只。指示灯的功率很大，使用时会产生很高的热量，需要高速气流进行冷却。因此飞机在起飞前才能打开，离地后关闭，当飞机要着陆时再一次打开，落地后关闭。

有效凭证——票

　　火车票是人们乘坐火车的有效凭证,同样,飞机票是人们乘坐飞机的有效凭证。与火车票不同的是,飞机票采用实名制,也就是机票与持票人的姓名和证件号挂钩,在购买机票时需向售票方出示相应的证件,提供相应的信息。

最早的运单

　　火车在运行初期是没有火车票的,但有一张"旅客路运单",上面登记了乘客的信息,如姓名、座号、起始站名、付款总数等。除此之外,付款收据还要另写。后来就直接改用凭收据乘车,取消了填写乘客姓名,但增加了站长的签章。

火车票的诞生

　　1836 年,英国的托马斯·埃多蒙桑设计出最早的火车票,就是著名的"埃多蒙桑"式车票。这是一种卡片式车票,后来,他又发明了便于发售车票的架子、印票机及带日期的盖印机。后来,这种卡片式火车票便开始在世界范围内使用。

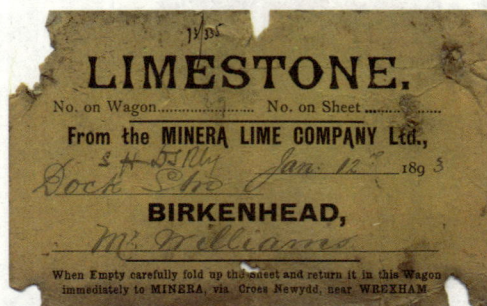

飞机票的分类

按最普遍的分类方法,可以把飞机票分为正式票、优待票和特殊票。正式票的有效期是一年,在世界范围内都是通用的;优待票是为特定的旅客开出的、有一些优惠措施的机票;特殊票是一种廉价机票,是根据一些特殊规定和条件制定的。

◄ 现代的飞机票体现了信息的现代化,可以通过多种渠道订购,十分方便。

电子机票

随着电子技术的不断发展,飞机票出现了电子机票的形式。它是一种电子号码记录,是世界上最先进的客票形式。旅客可以通过上网,非常方便地预订机票,实现了无纸化。

▶ 互联网预订飞机票极大方便了人们的生活。

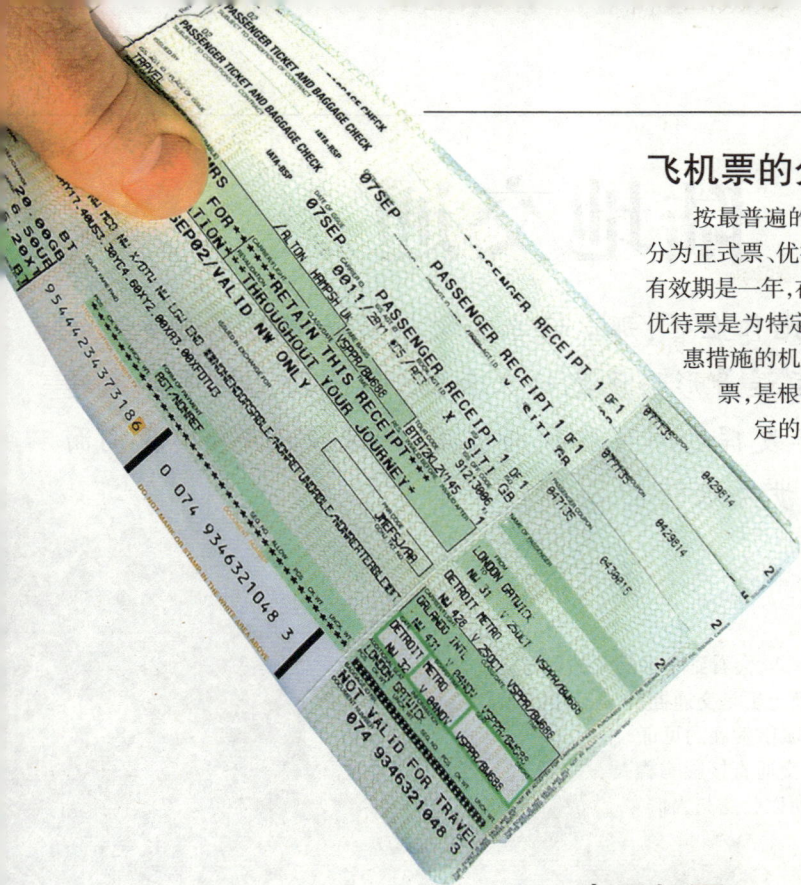

陆地交通

　　如果把陆地比作血管,那么汽车和火车就是流动在血管里的新鲜血液,每天运送着形形色色的人和物。作为陆上的主要交通工具,汽车和火车发挥着不可取代的作用,如果没有它们,我们面对的将是一个举步为艰的世界。

繁忙的公路

　　在城市的过街天桥上,就会看到车水马龙的景象,尤其是在上下班时间,街道上更是交通拥挤,人潮汹涌。繁忙的公路是现代化城市发展的见证,在这个高速发展的时代,公路交通直接影响着人们的工作效率甚至心情,所以公路与人们的生活息息相关。

➡ 拥挤的公路交通

汽车的发明

现在,汽车已经融入人们的日常生活,人们不再觉得它是什么稀罕物。但它的发明却经过了一个漫长而又艰辛的过程。从第一辆汽车诞生至今,汽车的性能不断改进,科技的含量也越来越高。

闪耀的汽车品牌

汽车工业发展到现在,一些国家和地区都有了自己独立的汽车品牌。作为独立的品牌,这些汽车具有典型的特点、风格以及独特的设计理念。如今,在国际上享有崇高声誉的汽车品牌有奔驰、宝马、劳斯莱斯等,它们都是人们追求的对象,但这些汽车都价格不菲。

↑宝马标志

↑劳斯莱斯的双R标志

↑奔驰标志

重要的铁路

除了汽车之外 ,火车也是一种主要的陆上交通工具。汽车可以在短途中为人们提供出行的便利,可面对长途旅行,它就显得"心有余而力不足"了。火车就可以出来独当一面,发挥它的作用。而且,火车的性能也越来越优越,成为人们长途旅行的最佳选择。

⬇铁路

古老的橇

在依靠人力或畜力驮运的时期,人们逐渐发现拖拉似乎更省力一些。它省去了把东西搬上搬下的程序,进而也就省去了搬运的力气。从日常拖拉东西中受到启发,人们开始把需要运送的货物放在木板上,通过人或牲畜将其拉到目的地。这样看上去似乎有点像我们今天的滑板,但是在轮子发明之前,人们只在木板下装上了特制的木架以省力。

在雪地上滑行

雪橇现在被视为一种娱乐活动和运动项目。但是在早期,它却是人们拖运货物的一种主要工具。特别是在一些气候相对寒冷的国家和地区,雪天较多,雪地上的摩擦力很小,用雪橇在上面将货物拉着走,是一种极为省力的办法。

⬆ 雪橇

雪橇比赛

现代雪橇运动分为有舵雪橇和无舵雪橇。最初的有舵雪橇是将两个单人雪橇并在一起,前后用木板连接,从雪山高处滑下,用前面的雪橇来控制转弯,后逐渐引起了人们的兴趣。无舵雪橇要求运动员仰卧在雪橇上,沿着冰道快速滑下。而冰道多被设计为"S"形,雪橇下滑速度又十分快,因此滑行过程精彩刺激。

⬆ 雪橇比赛,起源于瑞士山地,后逐渐在欧洲、北美和亚洲等国家流行。1884年英国举行首次雪橇公开赛。1924年被列为首届冬奥会比赛项目,分有舵雪橇和无舵雪橇两种类型。

雪橇的动力

雪橇要在光滑的雪地上行驶起来,除了靠人拉、马拉之外,主要的动力是来自于专门的雪橇犬。其中最为著名的是西伯利亚雪橇犬,它可以拖着重量较轻的货物行进较远的距离,并始终保持中等速度。它们身材中等,步伐平稳,脚步轻快。拉着雪橇行走,不会有忽快忽慢的感觉,很平稳。但正是由于它们身材不是很大,因此它们不能拖动很重的货物。

↑ 狗拉雪橇

安全驾驶

雪橇在人们的印象中似乎是一件充满浪漫色彩的交通工具。因为每逢雪花绽放的季节,圣诞老人就会驾着雪橇给我们送来新年礼物。但人们常说"安全第一",在驾驶雪橇的时候也是这样。这就要求驾驶员在驾驶过程中应尽量靠近雪橇中心,将重量尽量集中在中心点。这样,雪橇在转弯过程中,人不会由于离心力的作用而被甩出去,而且驾驶员也可以更好地控制雪橇。

← 玩雪橇

↑ 金属橇

轮子和车子

在交通史上，人们已经使用了驮和拉，但始终还是觉得这些都不是最便捷、最省力的方法。经过长期的探索，有人发现了转动可以产生神奇的力量，于是轮子出现了！在发明了车轮之后，人们还在不断探索着交通工具的新发展，希望一切都能尽善尽美，能为人类提供最大限度的便利。于是，人类开始了对车轮的进一步改良……

由移动到滚动

轮子的出现使人们以一种全新的方式开始在陆地上运动，它较为明显地提高了陆地上人类搬运货物的本领。从原来机械的拖、拉式的移动，变为一种巧妙的滚动方式，大大减少了物体在移动时与地面间的摩擦，自然也就省去了克服摩擦所耗费的力气。

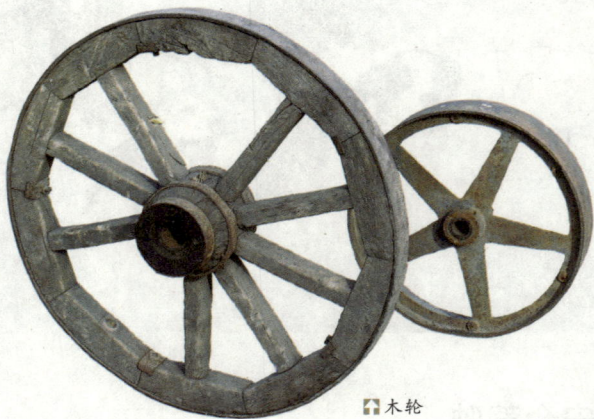

⬆ 木轮

轮子的驱动

⬆ 马车

马车是使用较为普遍的一种交通工具，在中国至少有 3 000 年的历史。马车分为四轮马车和两轮马车，在当时是权力和身份的象征，只有王公贵族才能乘坐。1980 年冬天，在中国秦始皇陵出土的铜车马，制作工艺精湛，车马造型完整，真实、具体地反映了秦始皇时期我国马车的原貌。对人们研究古代车马制度、金属冶炼技术和雕刻技术等，都具有十分重要的历史意义。

时代的进步

轮子的发明使人类进入了交通运输的新时代。然而随着时代的不断发展，人类对轮子也做了很多改良，轮子的发展也逐渐进入新的时代。直到今天，轮子的发展先后经历了辐射车轮、木制车轮、辐射状钢轮、金属线辐射状车轮、塑钢车轮、合金车轮等阶段。

⬆ 塑胶车轮

给轮子"穿衣服"

最初的车轮是由坚硬的木头制成的。车子在行驶过程中，碰到路面上的障碍物很容易产生较大的颠簸，对轮子的磨损也相当严重。早在 1836 年，比利时人迪埃兹就曾提出过充气轮胎的想法。1845 年，英国的罗伯特·汤姆森将空气压缩充入弹性气囊，用皮革和涂了橡胶的帆布做成了最初的轮胎，把它包裹在车轮边沿上，起到了一定的减震作用。

⬆ 合金车轮

花式外套

为了能够更好地提高轮胎的性能，从 1908 ～ 1912 年间，人们在轮胎表面作上了凹凸有致的花纹，从而开始了轮胎面花纹的历史。随着轮胎工业的不断发展，轮子不再只"穿"着单一的表面光滑的外套，而是有了各种各样花型的外套可供选择。这样，既提高了轮胎的抗摩擦性，也在一定程度上延长了轮胎的使用寿命。

⬆ 一些大型机械车的轮胎花纹通常更深些。

蒸汽机和内燃机

　　蒸汽机和内燃机都是一种动力驱动装置，它们的出现凝结了众多科学家探索和研究的心血，它们使车轮的转动摆脱了人力和畜力，给人类的生活带来了翻天覆地的变化。内燃机的出现时间晚于蒸汽机，但它具有良好的工作性能，经过了不断改良，它的使用一直延续到今天。今天常用的各种交通工具，大部分都是靠内燃机驱动的。

最初的发现

　　在瓦特发明蒸汽机之前，就已经有人发现蒸汽可以产生动力。古希腊的工程师希罗早在2000年前左右就制作了一个靠蒸汽驱动的空心球，在蒸汽的作用下，这个空心球可以不停转动。此后，他又根据这一原理制作出一种可转动的女神和可以自动打开和关闭的大门。这两项发明都用于宗教活动，使用范围非常小，但它们却是人类最早将蒸汽产生的动力转化为一种运动的发明。

↑瓦特发明的蒸汽机

最终的完善

➡蒸汽机车

　　在完成了分离式冷凝器的发明之后，瓦特仍旧没有停止对蒸汽机的研究。1768年，他制成了一台单动作蒸汽机，采用气缸外设置绝热层，并且用油润滑活塞。1781年，他又发明了行星式齿轮，使蒸汽机活塞的运动变为旋转式。1782年，他发明的大动力的"双动作蒸汽机"获得专利。1784年，为解决双动作蒸汽机的结构问题，他又发明了平行运动连杆机构。1788年，瓦特发明了离心式调速器和节气阀，用来自动控制蒸汽机的运转速度。1790年，他发明了蒸汽机配套用压力计。至此，瓦特完成了整套蒸汽机的发明。

内燃机的工作原理

内燃机是将燃料引入气缸内,燃料与空气混合燃烧后,产生高温高压气体。这种气体在瞬间急剧向外膨胀,在对外做功的过程中推动活塞运动,从而带动外接设备开始运转。经过不断的压缩、燃烧、膨胀、排气等过程,循环往复,机器也就不停地工作起来。

↑1890 年的内燃机

内燃机的发明和发展

1820 年,英国人 W. 塞歇尔发明的以煤气为燃料的内燃机成功地实现了每分钟运转 60 转。1833 年英国人 W. L. 莱特突破以往真空机的理论,发明了爆发式发动机并获得专利。1859 年,勒努瓦第一个设计用照明瓦斯作为燃料,制造出了第一台实用型内燃机。1862 年,法国工程师罗沙提出了"预先压缩可燃气"的方法,用以提高内燃机的效率,后来他还获得了专利。

←奥托的四冲程发动机模型

取代蒸汽机

内燃机的发明经过了一个长期的过程,最终是德国工程师奥托将其归于大成。1876 年,他对罗沙的内燃机原理进行思考,制成了第一台以煤气为燃料的内燃机。它是利用火花点火,单缸卧式,四冲程四马力,它的热效率高于当时正广泛使用的蒸汽机,因此引起了广泛注意。再加上它结构轻巧、转速快、运转平稳、热效率高,很快便投入生产,逐渐开始取代蒸汽机。

↑汽车引擎是使用汽油作为燃料的内燃机。

汽车的发明

　　现在，汽车已经慢慢融入人们的日常生活，使人们不再觉得它是什么稀罕物。但它的发明却是经过了一个漫长而又艰辛的过程，探索的路程往往是充满坎坷的。从轮子的产生到车的发明，从人力畜力到机械驱动的发展，所做的一切似乎都在为汽车的产生做准备。

蒸汽机的应用

　　1769年，法国陆军上尉古纳为了拉大炮，制造出了一辆三轮蒸汽牵引机。1801年，英国发明家特里维希克制造了一辆四轮蒸汽篷车，这是第一辆载人的动力车辆。到1830年中期，这种蒸汽驱动的车子在英国已较为普遍，成为载客的交通工具。

↑世界第一辆具蒸汽汽车模型。

↑早期的蒸汽汽车

电力车的昙花一现

在蒸汽机车的使用过程中，人们逐渐发现了它存在的问题。比如说它难以启动和操作，而且开放式的锅炉存在很多安全隐患，使很多人不敢驾驶。于是，人们开始重新考虑汽车驱动的问题，电的使用被提上日程。电动汽车在19世纪末的美国相当流行，这种车操作简单且没有噪音，但是频繁的充电却使人很头疼。因此它的出现终如昙花一现，在汽油引擎发明后，就逐渐被人们淡忘了。

⬆ 电动汽车

爱的支持

在卡尔·本茨发明汽车的过程中，面临重重困难，妻子贝尔塔一直都给予他全力支持。在他的第一辆车制作出来时，没有人敢尝试这种新事物。这时，贝尔塔站出来成为世界上第一个试车者。她驾驶着丈夫多年来的心血之作试行了100多千米。虽然一路上走走停停，但这个新发明总归经受住了考验，实现了卡尔·本茨的心愿。

⬆ 卡尔·本茨发明的第一辆汽车

福特T型汽车

福特汽车公司从1908年开始发明福特T型车。当时，只有贵族们才可以享受乘坐汽车的感觉，福特T型车的面世让汽车走向了普通百姓。这种车的售价很便宜，只有260美元，因此深受人们欢迎。到了1921年，它的产量已经占到世界汽车总产量的56.6%。它的发展和普及速度十分迅速，在汽车界的影响也相当大。当时就流传着这样一句话："努力超过一辆福特车没有用，因为前面总还会有一辆福特车。"

⬆ 1920年福特T型车

汽车是怎么生产的

　　了解了汽车的发明与发展、汽车的结构，还有汽车身上的几个主要装置的发展和用途，再来看看人们是怎样将这一个个小小的部件生产出来，并如何将它们组合成汽车的样子，关于汽车的生产流程也有着自己的发展故事。

流水式作业

　　汽车的生产不是一个人或几个人可以完成的，它是需要很多人的共同合作。1913年，福特想出了一个很好的生产汽车的办法。他把汽车部件放在一个输送带上，输送带像流水一样将这些材料运到工人面前，每个工人只负责一道工序。这也是世界上第一道汽车装配线，最早被应用于装配磁电机，其工作效率大大地提高了。

⬆ 流水式生产线

整套工序

　　汽车的制造开始于车身的成型。压模机根据需要，将薄钢板压制成车身各个部分的模件。接着，就是给车身上颜色——喷漆。汽车上油漆的厚度一般都有1毫米左右，需要喷很多层，并且要很均匀。下来是给车内装上底垫、地毯、座位及其他设备。再者就是装玻璃，先在玻璃边缘上涂上胶水，再将其粘合在车身上。最后的程序就是安装悬架、方向盘、散热器和电池，再装上轮子和轮胎，之后它就可以驶出工厂了。

⬅ 1913年，福特公司的汽车装配流水线。

更大范围的合作

现在的汽车生产早已不局限于一地或者一国,而是全球范围内的大合作。某个汽车公司生产的汽车,它的各个配件可能来自于不同的国家和地区。就拿美国通用汽车公司来说,它在西班牙萨拉戈萨有一条庞大的装配线。他们用西班牙钢铁做车身,与英国生产的发动机,德国生产的悬架装置、变速箱和燃油喷射系统,意大利和法国生产的轮胎,荷兰或日本生产的汽车收音机等组装,最终完成一辆汽车的生产。

⬆ 美国通用汽车公司生产装配线

机器帮手

一辆辆身形庞大而优美的汽车出自自己之手,生产汽车的工作看上去似乎很有成就感。其实不然,一个工人很可能几十年都在简单重复着一个工序的工作,而且有些工序还会对人体造成伤害。所以,当科技发展到一定程度的时候,就出现了机器人,用以替代人工作业。从汽车制造的第一道工序开始,到最终汽车出厂,人们只需通过特殊的程序给机器人以指示,机器人就会自主完成了。

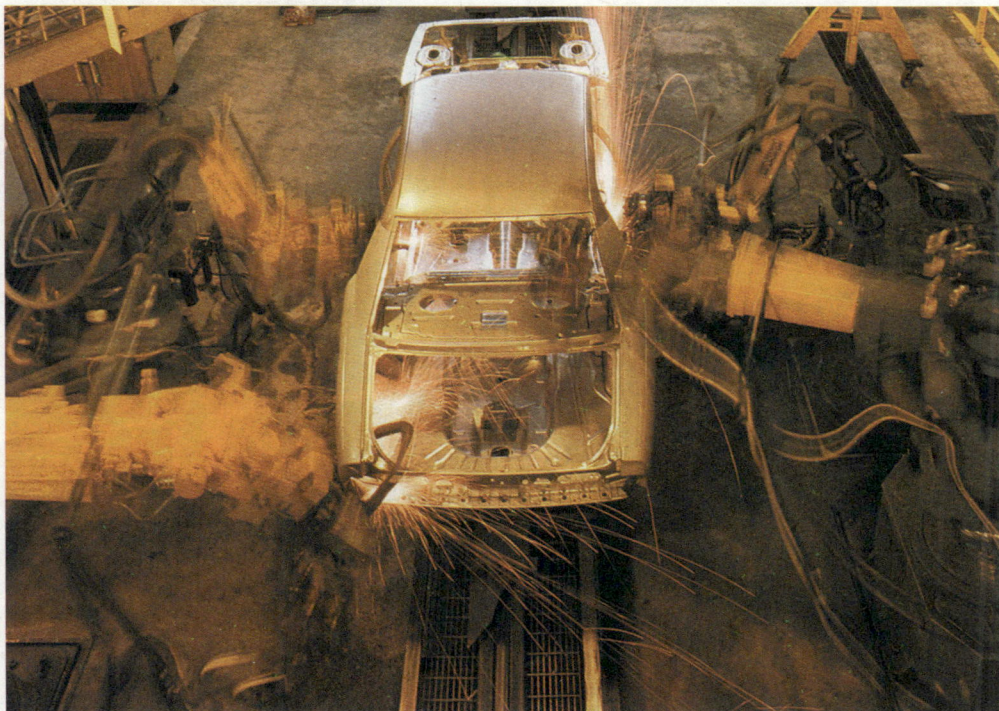
⬆ 工业机器人在焊接汽车

公共汽车

虽然汽车能够给人们的生活带来种种便利,但是由于经济能力的限制,不是每个人、每个家庭都可以拥有汽车。可人们的出行并没有受到限制,现在的交通四通八达,公共汽车就是一种非常便利的选择。由于价格低廉而又快捷,深受普通大众的欢迎。

最早的公共汽车

世界上第一辆公共汽车是靠蒸汽机驱动的,当人们看着它从身边呼啸而过的时候,觉得更像是一辆火车。它是1825年英国人戈尔沃斯·格尼公爵发明的,时速可达19千米,可供18人乘坐。到了1828年,第一个公共汽车运输公司——苏格兰蒸汽汽车公司在英国成立。

▲19世纪英国的公共汽车

基本情况

公共汽车是一种短程又便宜的大众运输工具,也可称作"公交车"或"巴士"。它有固定的站点和路线,是现在人们使用最多的交通工具之一。它的行程要照顾到大多数人,所以在到达目的地之前要绕路经过很多地方。现代的公共汽车多用数字编号,不同数字表示的公共汽车,它的行程就不一样,人们可以根据自己的需要自由选择。

↘公交车

爆炸的危险

自1834年，英国绍兰的蒸汽公共汽车发生爆炸，人们就对这种交通工具产生了排斥，还会有人冲这些大家伙扔石头。觉得它不仅存在安全隐患，而且噪音也非常大。另外，以马车拉客为生的老板们由于生意受到蒸汽公共汽车的威胁，频频抱怨。迫于这种压力，英国政府最终发布了限制公共汽车的命令，对蒸汽公共汽车加以限制。

⬆ 双层公交车

抵制公共汽车运动

1955年，美国黑人发起了抵制公共汽车运动。起因是一名黑人女工因没有给白种男人让座而被定罪，于是在黑人中就发起了罢乘公共汽车的运动。年轻的黑人牧师马丁·路德·金带领黑人同胞们将这场斗争进行到底。由于这次运动声势浩大，汽车公司损失惨重，在最后终于作出妥协，使黑人与白人在乘坐公共汽车时享有平等的权利。

现代公共汽车

随着社会的进步，公共汽车也逐渐向人性化方向发展。主要的变化有：双层车厢的出现，公共汽车可以为更多的人提供服务；座椅从最早的硬座开始向软座发展；自动报站系统的应用；出现了空调车，给乘客们提供了更好的乘车环境。现在，不少公共汽车开始装上了移动电视等。乘坐公共汽车看上去也是一种享受了。

⬇ 伦敦的双层巴士

实用的轿车

轿车是汽车家族中最受人们喜爱的一种车型。在汽车发展的百余年中,也是外形变化最大、设计改进最多的车种之一。身形小巧是它永恒的主题,其时尚的外形随着时代的变迁而变化。轿车以其机动、舒适、快捷、方便等特点,成为当今最为大众化的交通工具。

↑宾利轿车

常见的四扇门

轿车的大小通常是按门的多少来区分的。最常见的是四门小轿车,以船型车身居多,这种车身的线条流畅性很好。另外,还有两门、三门、五门等,这些轿车的车型变化较多,内部的设施、装饰及所使用的材料也都不同。五门轿车是在四门的基础上改装过来的,就是多加了一个后背舱门,它的车型也随之变化,大都为斜背式或陡尾式。

↑船型车

↑斜背式鱼尾车

面包车

　　面包车从严格意义上说是一种厢式轿车。比起普通的小轿车，它的车身更大，车内空间更加宽敞。它比小型轿车更具有实用性，可以客货两用，既可以运输货物，也可以坐人。更有意思的是，它的坐椅是可以活动的，可以根据需要，根据客、货的比例随意翻转、折叠，非常方便。

⬆ 丰田子弹头面包车

大型轿车

　　随着人们生活水平的提高，小型轿车已经不能满足人们出行的要求。在长途旅行中，人们追求更宽敞的乘坐空间以及更大的货舱来存放旅行中的货物。于是，大型轿车开始受到人们的欢迎，特别是很多人一起集体出游，大型轿车能够很好地满足这些要求。现代的大型轿车还为乘客们提供空调、音乐、移动电视等服务，真正做到了人性化的设计。

⬅ 福特大型轿车

轿车中的奢侈品

　　豪华轿车造价昂贵，是汽车家族中的奢侈品。除了华丽富贵的外表，它的实用性不是很高，但它却是贵族们身份与地位的最好象征。早期的豪华车是纯手工制作的，木制的车身仿照豪华马车的风格。现在，汽车界的各个知名品牌旗下也有自己的豪华轿车。比如劳斯莱斯、奔驰、宝马等，他们每年都限量生产一定的豪华轿车，平均价位都在 10 万美元。另外，他们还在轿车的性能上作开发，努力提高其实用性。

⬆ 克莱斯勒轿车

特种车

汽车发展到今天,除了一些大众使用的普及型汽车外,还有很多车是根据特殊需要用在特殊领域的。人们生活的方方面面,有些地方是一般车辆无法达到,也无法照顾到的。人们对普通车辆经过一定的改良,就可以将它们应用在特殊的地方了。

红色消防车

人们给普通的汽车装备了各种消防器材、消防器具,就成了消防车。在某些地方发生火灾或者险情的时候,消防车就是消防官兵的好帮手,是最基本的移动式消防设备。它被人们设计成醒目的红色,在执行任务的过程中能够给周围的人们和车辆鲜明的提示。根据起火原因的不同,消防车的配备也不同。有的装备有化学灭火剂,有的装备有水箱,有的装有高空云梯用来进行高空作业,有的则装有高压喷水装置来对付烧得很高的火苗。

⬆ 消防车

白色救护车

救护车,顾名思义,就是救护伤病员的车辆。人们把救护车设计成白色,与医疗系统的颜色统一,这是因为白色能给人一种纯净、安静的感觉,非常有利于病人的身体恢复。

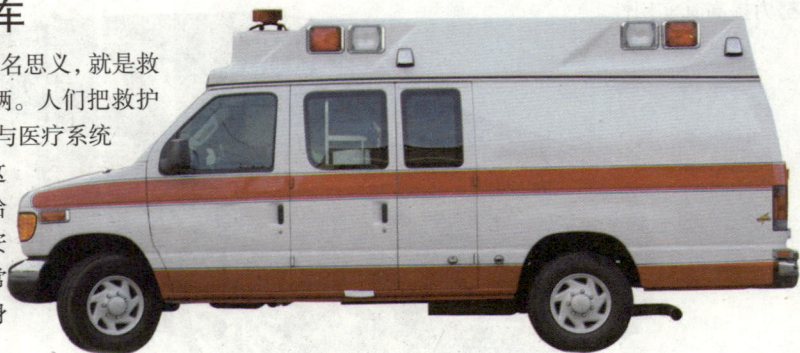

⬆ 救护车

全副武装的押钞车

　　押钞车是新近出现的一种特殊用车，它是现代银行系统为了安全所设计的。通常由押钞员与之配合，共同保护财产安全。押钞车安装有特殊的定位系统，它的玻璃和车身也有特殊的设计，一切都是为了更好地保护车厢内的财产。押钞员一个个也是训练有素，这样的绝佳组合使那些企图不轨的犯罪分子少了可趁之机。

⬆ 押钞车

⬆ 邮政车

绿色邮政车

　　邮政为我们提供很多服务，与之配套的是绿色的邮政车。人们利用邮政服务寄信、寄包裹、发送快件等，都离不开邮政车的协助。工作人员将信件、包裹等按所要寄到的目的地分类放好，最后由邮政车将这些东西分往各处，异地的则送往火车站或机场。邮政车让人们之间的通讯畅通无阻，绿色表达的就是这个意思。

闪着灯的警车

　　警察是维护社会治安的人，他们的好帮手——警车，能够帮助他们更好地完成工作。警车最突出的特点是它的车顶上有一个或一排闪烁的灯，目的是警察在执行紧急任务时，给周围的行人和车辆提示，让他们给警车让道。另外，有些车身较大的警车，在后排车厢还安装有栅栏，可以将抓获的犯罪分子关在里面，防止逃跑。

➡ 警车

公　路

　　我国有句俗语是这样说的："要想富，先修路。"由此可见，公路在国民经济方面所起的重大作用。如今，当你放眼城市的景色时，不能不为那一条条公路感叹不已。四通八达的公路不仅是重要的交通命脉，更承载着人们对未来的希望。

◄ 蜿蜒的盘山公路。

公路的发展史

　　最早的公路当然是土路，它很容易遭到破坏，雨水多些，车马多些，便使土路变得凹凸不平甚至毁坏了。后来，欧洲出现了碎石路，这比土路进了一大步，此后又出现了砖块路。直到近代，人们在碎石路上铺上了沥青，具有现代意义的公路才出现。

现代公路

"斑马线"

　　"斑马线"是一个形象的说法,正式的说法应该是——人行横道。它是为了保证行人在通过马路时的安全,特别画出来供行人通过的。交通规则规定行人在通过马路时,只能走人行横道。司机看到斑马线时,会自动减速缓行或停下,让行人安全通过。

⬆ 人行道

交通规则

　　为了规范行人和车辆的日常交通活动,各个国家都制定了相应的交通规则,这些条文性的规定和交通设施共同规范着城市交通。车辆和行人必须严格遵守这些规定,一旦出现违规的现象,交通部门就会根据规定予以相应的处罚。

⬆ 红灯停绿灯行是行人和车辆都必需遵循的交通远规则。

必要的路障

　　在一些需要整修的路段,为了防止车辆和行人的通过,人们就会设立路障将道路暂时封闭。因此,为了能够给过往的行人、车辆以明确的提示,路障一般都颜色鲜明,有些还带有反光色带,在晚上也能够很好地发挥作用。

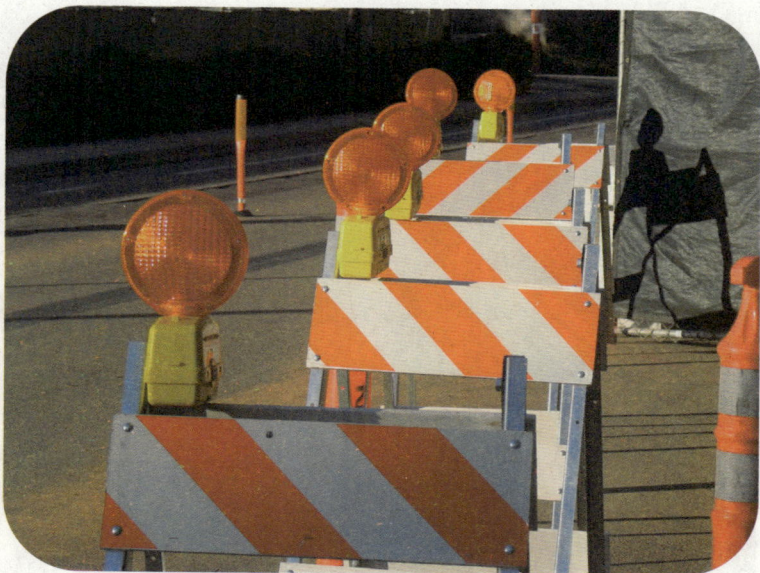
⬆ 道路维修时,维修工人会设起路障,提醒路人绕道而行。

高速公路

　　自20世纪60年代以来,世界各国的高速公路迅速发展起来。和普通公路相比,高速公路具有行车速度高、通行能力大、交通事故率少等特点,为人们的出行带来了极大的便利。

第一条高速公路

　　全世界第一条高速公路是德国的艾伏斯公路,它是德国科隆市市长康拉德·阿登纳于1932年发明并建造的。艾伏斯公路拥有双线道的柏油路面,路段上有10个十字路口,它同时也是为赛车而设计的。

高速公路的标志

　　高速公路的标志通常是两条道路中有过街桥的标图,而标志的背景颜色根据不同的国家和地区有所不同。韩国、日本、美国等国使用绿色背景;英国、德国、法国等国使用蓝色背景。

高速公路的行车道

　　高速公路设有行车道和超车道,有些高速公路还设有高承载车道和爬坡车道。对于实行右侧通行的国家来说,比如中国和美国,超车道就是最左侧的通道;对于实行左侧通行的国家来说,比如英国和日本,超车道就是最右侧的通道。

限速行驶

　　和普通道路相比,高速公路所有交叉路口使用立交桥方式,且规定只供汽车使用,所以比普通道路的时速规定要高一些。超过限速者会被处罚,严重超过限速者称为"飙车",会受到更严厉的处罚,直到吊销驾驶执照

⬆ 高速公路

⬇ 高速公路已成为人们短途行驶的最佳选择。

WORK AREA
SPEED LIMIT 50

桥梁和隧道

　　随着人口的增多，陆地交通已经不能满足人们的需要了。为了让交通更加畅通无阻以及车辆和行人的安全，人们双管齐下，在地上修建了桥梁，在地下打通了隧道。它们共同改善了城市的交通状况，让人们的出行更加方便快捷。

过街天桥

　　在都市的繁华地段，往往都会看到过街天桥。它高架于马路之上，目的是将要过马路的行人与正在行驶的车辆分离，互不干扰，从而保证彼此的安全。因为繁华地段的行人和车辆都很多，所以会将天桥设计成环形的。

↑ 过街天桥

← 城市里的高架桥

高架桥

　　高架桥的桥墩高度较高，一般用钢筋混凝土排架或单柱、双柱式钢筋混凝土桥墩。城市高架桥的桥墩直接影响着市容，所以常选用柱式、桩式、钢架式和薄壁式墩，既牢固耐用又美观大方。

香港海底隧道

香港海底隧道全长 1.8 千米,它跨越维多利亚港连接九龙半岛和香港岛,平均每日行车量达 10 万辆以上,是世界上最繁忙的行车隧道之一。海底隧道不占地,不妨碍航行,不影响生态环境,是一种非常安全的全天候的海峡通道。

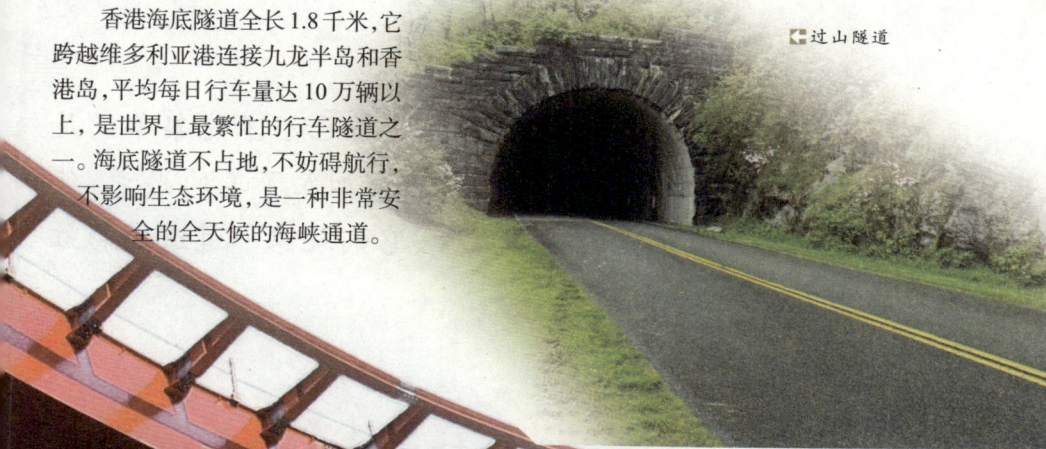

⬅ 过山隧道

地下通道

地下通道的修建将地上的交通转移到了地下,使行人能够快速、安全地通过,解决了大城市交通拥挤和行人安全的问题,同时也起到了美化城市的作用,地下通道分为单向地下通道和环形地下通道。

⬆ 地下通道

立交桥

　　现在,随着城市建设的不断发展,立交桥已经不能单单满足于疏导交通的作用,人们在立交桥的设计中加入了美的思考,使每一座立交桥都成为城市里的一道风景,它们就像一道道的彩虹架在城市的上空。

立交桥的特点

　　立交桥是根据具体的道路状况而专门设计的。立交桥都是一种多层立体布局。陆地表面的空间有限,就将路面抬升到空中,树立明显的标示牌,对去往不同方向的车辆进行分流和引导,各行其道,互不影响。

简单的立交桥

　　单纯式立交桥和简易式立交桥是常见的两种结构相对简单的立交桥。单纯式立交桥是架起一条道路与一般道路的立体交叉,简易式主要有十字形立体交叉、Y形立体交叉和T形立体交叉。

⬆ 高空中俯瞰立交桥,就像一条条腾飞的巨龙。

古代立交桥

　　我国古代就有立交桥,在浙江绍兴城直街东端,有座梁式石条桥,被当地人称作"八字桥"。东西通道为桥的主体,称作"第一桥";"第二桥"架设在南部西岸南坡道东西流水的水巷上;"第三桥"架设在南部东岸引桥处的小巷上。

⬇ 八字桥

地下开发

　　地道桥也是立交桥的一种,它除了对路面上的空间进行开发外,同时也对地下空间进行利用。因为道路设在地下,所以在设计中,空气净化、通风、照明、排水等都是需要考虑的问题。因为开发地道桥的附属工程量很大,所以一般很少使用。

⬆ 地道桥

铁　路

在这个精彩的世界里，四通八达的铁路大大方便了人们的出行和货物的流通。可以说，铁路就像是一条条"血脉"，连通着陆地上的城市和乡村；同时，也见证着时代的进步和历史的变迁。

最早的板式铁轨

铁轨在一开始是很简单的，就是将很薄的铁片钉在木制的路轨上。人们形象地将它称为"板式铁轨"。虽然它的建造成本很低，但承重能力有限，所以很快就被淘汰了。

⬆ 交错复杂的铁路网

钢制铁轨

出于长远考虑，人们又采用了钢制铁轨。钢是铁经过锻造后的金属，比铁耐用。虽然它的成本比铁要高，但是性能比铁优越很多。

铁轨下的小石子

不知你是否注意到，铁轨的下面都铺有一些小石子，这些小石子不是随随便便放在那里的。火车在通过时，铁轨和枕木需要承受很大的压力，产生大量的热量和噪音。这些小石子可以防止在高压环境中铁轨下陷，还可以吸收热量和噪音。

枕木的作用

在铁轨的身下，平躺着一排枕木，在铁路轨道的构成中，枕木也是不可或缺的。它把铁轨所承受的压力分散开来，减少了火车对路面造成的直接压力。它们的排列整齐划一，小身材发挥着大作用。

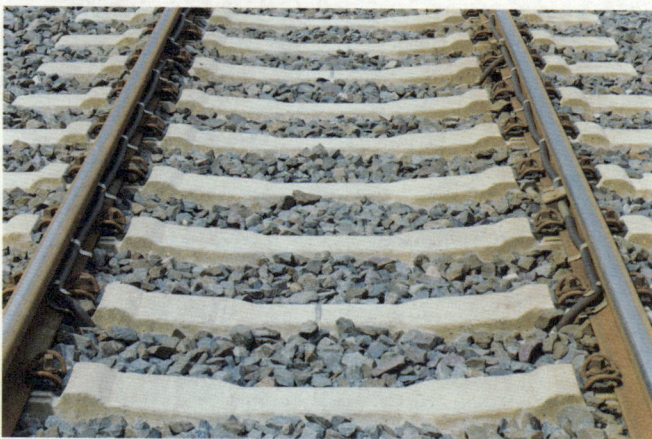

▶️ 铁路上的枕木

定期维修

要保证铁路的良好运作，就要对轨道进行定期的检查和维护。可以说，没有好的轨道，火车就无法良好地运行。维护的主要工作包括打磨钢轨，对已经损坏的钢轨进行部分或全部更换，更换枕木，清理、更换、补充道渣等。

◀️ 维修铁路

火　车

　　火车的发展完善经历了一个很长的时期。它的每一个小部件、小细节都凝结着人们思考和探索的心血。经过不断的改良和更新，火车与人们的生活越来越贴近，越来越好地满足着人们的需要。

第一辆蒸汽动力车

　　1769年，法国军官古纳制成了世界上第一辆蒸汽动力车。但在一次试车中，由于操纵不灵活，车子撞到了墙，车辆毁坏了。蒸汽动力车是现代火车的雏形，如果没有它，就不会有现代奔走在城市之间的列车了。

⬆ 蒸汽火车

⬆ 乔治·斯蒂芬森

火车之父

　　1810年，乔治·斯蒂芬森开始自己动手制造蒸汽机车。经过4年的努力，他制作的"布鲁克"号在1814年7月25日完成。这辆蒸汽机车可以拉动8节车厢，载重30吨，时速可达6.4千米。从此，全世界都知道了"火车"的名字。

内燃机车

　　内燃机和早期的蒸汽机一样，都是依靠燃料燃烧来产生动力，但是内燃机车的清洁性比蒸汽机车要好很多。人们将内燃机与电力很好地结合，制成了现在广泛使用的柴油机电力机车。

▶柴油机电力机车

电力机车的发展

　　电是一种清洁的能源，不会像煤那样在燃烧后产生大量的废弃物。于是有人想到用电力来驱动火车头。1879 年，德国的西门子利用自己发明的发电机，制成了一辆电力机车，这是电力机车首次试验成功。

◀内燃机车以内燃机作为原动力，通过传动装置驱动车轮的机车。

地　铁

　　今天的火车有一部分已由地上驶入地下，在人们开凿的地下隧道里奔跑，这就是地铁。虽然从形式上看，它与地面上行驶的火车没有什么差别，但是它们两者之间却有着很大的差别。地铁主要是作为一个城市里的交通工具，与公共汽车、出租车等共同分担着城市里的交通运输工作。

最早的地铁

　　19 世纪的伦敦，是一个发展相当快的城市。查尔斯·皮尔逊经过了 20 年的努力，于 1863 年 1 月，他创建的"大都会地区地铁"正式开始营业。这条地铁当时只有不到 6 000 米长，却在第一年内就运送了950 万人次的乘客。

↑ 1863 年的第一条地铁

电力取代蒸汽

　　伦敦的"大都会地区地铁"最早投入使用时，利用的是蒸汽机车，而且早期的地下隧道通风不好。所以乘坐地铁虽然方便，但是旅客常常感到憋闷，甚至还有人晕倒。电力机车一经出现，就立刻取代了蒸汽机车。1890 年伦敦第一条电气化地铁开始营运，乘客们只需花 2 便士就可乘坐地铁去城市的任何地方。

↓ 地铁

地下网路

要沟通城市的每个角落,地铁在地下也有着复杂的路网。主要有单线式、单环线式、多线式和蛛网式。车站的功能也并非单一,有只供乘客乘降用的"中间站";在中间站设有折返线路设备的就称为"折返站";乘客既可以乘降又可以换乘的是"换乘站";地铁线路的两端为"终点站"。除了上述功能,这里还是列车存放和整修的地方。

⬆ 地铁内部

地铁在中国

自 1965 年开始,中国就有了自己的地铁。北京是中国国内最早拥有地铁的城市。1969 年 10 月,北京地铁第一期工程投入试运营。紧接着是天津的地铁,于 1984 年 12 月开通。现在,中国已有 7 座城市拥有自己的地铁线路,分别是北京、上海、广州、南京、深圳、香港和台北,武汉、西安、天津等一些城市也正在筹建自己的地铁。

地铁的动力

地铁的运行是靠电力驱动的,这个动力主要来自于城市电网。除了列车的运行外,地铁中的照明、通风、排水等也都需要电力的支持。地铁的供电系统通过特殊的线路与城市电网相连接,可以给地铁各个设备供电。

⬆ 繁忙的地铁

磁悬浮列车

　　若干年前，除了在童话故事里，人们想都没有想过能坐上飘浮着的列车在城市里穿行，直至磁悬浮列车的出现。它是利用磁铁"同性相斥、异性相吸"的原理，使列车飘浮在轨道上行驶。这种神奇的、飘浮的力量，使人类的交通工具进入了更加高速行驶的阶段。

想要跑得更快

　　原先人们要提高车辆的速度，就是靠车轮更加快速地转动，与地面或轨道产生更大的摩擦力来推动车辆更快速地前进。但是当摩擦力达到一定的极限，就会对车轮和轨道造成破坏。所以说，车辆的速度不可能无限增加。能不能减小这种摩擦，而进一步提高车辆的速度呢？人们在不断的探索和试验中，想到了利用很早之前就发现了的磁铁，利用它"同性相斥、异性相吸"的原理，开发出新一代高速交通工具——磁悬浮列车。

英国首创

　　英国是最早开始把磁悬浮列车投入商业运营的国家。与其他有轨交通工具一样，它也拥有两条平行的轨道，两个车厢，可容纳 40 名乘客同时乘坐。虽然说当时的行驶距离只有 800 米，最高时速仅为 37.5 千米，但它采用的是计算机全程控制，实现了真正的无人驾驶。同时也在一定程度上证明了磁悬浮列车的可行性。

德国的磁悬浮

德国人从 1968 年就开始了对磁悬浮的研究。德国的磁悬浮采用的是在轨道和车体之间用普通直流电磁铁产生磁力，再利用车体自身的重量使两者脱离。在这样没有接触的环境中，列车处于一种"悬浮"着的状态。车体与轨道间产生的几乎是零摩擦，列车就可以高速行驶了。

不足之处

作为新事物，人们在研究中没有成功的经验可以借鉴，所以对磁悬浮列车的研究和试验投资是存在风险的；另外，它只能用于点对点的运行，无法与普通铁路建立互通网络。即使这样，人们还是没有停止对磁悬浮技术的研究。相信在以后，磁悬浮列车会不断进步，能够更好地为人们的出行服务。

⬆ 上海磁悬浮列车

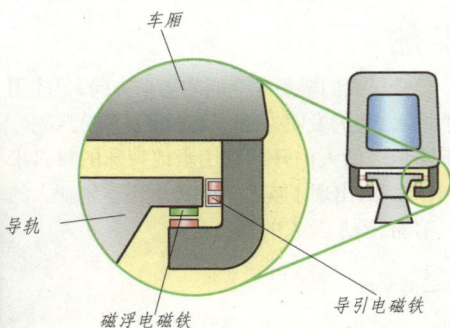

车厢
导轨
磁浮电磁铁
导引电磁铁
⬆ 磁悬浮原理

日本的磁悬浮

虽然都是磁悬浮，但是日本与德国的却不一样。日本从 1962 年就开始研究磁悬浮铁路了。他们的磁悬浮称为"超导磁斥型"，是在车底安装超导磁体产生强磁场，与地面上的线圈作用后产生斥力，使车身悬起。这种方法比德国的"常导磁吸型"产生的悬浮气隙大，列车时速可达 500 千米以上。

水上交通

在探索和认识世界的过程中，人类的脚步越迈越大。他们不再满足于陆地上的活动，看到一湾清水或一片汪洋将自己生活的地方与其他地方隔离，人们就想打破这重水的障碍。于是，水上交通工具诞生了。

原始材料的使用

早期人类发现了芦苇、树皮、原木等可以浮在水面上，于是就利用这些天然的材料制作出了最早的水上交通工具。有人把芦苇扎在一起，抱着过河；也有人用原始的石斧、石刀等将树木砍倒，直接扶着涉水过河。

桨船

最早人们要想改变船的运动方向，只能用手划水，桨的发明一下子解脱了人类的双手。不同地区的人们开始利用当地特殊的材料来制作桨船，出现了埃及人和美索不达米亚人的芦苇船、爱尔兰人的柳条舟等。

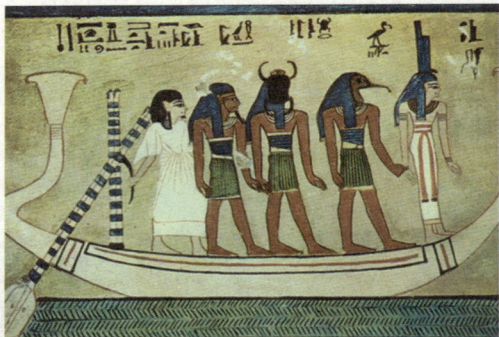
🔺古埃及人的芦苇船

🔻划桨船

扬帆远航

风帆的出现使人类进入了扬帆起航的时代。帆就好像是船的翅膀，船在风的作用下航行得更快更好了。风帆要借助于桅杆在船上升起，将风力收集，带动船体顺风而行。风力越大，帆的面积越大，船的航行速度就越快。

⬅ 早期的帆船

威尼斯的标志——刚朵拉

刚朵拉是威尼斯久负盛名的小船，它有着纤细的船身和扁平的船底，十分适合航行在狭窄又水浅的运河中。据说，刚朵拉的制作严格而又讲究：以栎木板为材料，船身长 11 米，宽近 1.5 米，用黑漆涂抹 7 遍始成。

⬆ 在威尼斯随处可见刚朵拉，它是威尼斯的象征。

从独木舟到轮船

最初,人们发现葫芦、原木等在水里不会下沉,有一种特殊的力使它们能够浮在水面上。于是,人们在长期的实践中,不断总结经验,制造了独木舟、木船、摇船的橹以及轮船。从此,无论是在河流还是海洋,人们都可以自由航行了。

葫芦的妙用

葫芦在人们的日常生活中用途非常广泛,可以做容器、乐器、装饰品,还可以食用。在早期,葫芦还是一种非常有趣的渡水工具。人们将葫芦串在一起,拴在腰间,叫作"腰舟"。过河的时候,人就可以借助葫芦的浮力漂在水面上。

⬆ 葫芦

独木舟的发展

人们在独木舟的基础上,给上面加上了木板,就形成了早期的"木板船"。它的结构很简单,仅仅加装了一块木板用来增加装载量。但它的出现使船舶的发展向前迈了一大步,使其形态和功能更加接近于现代的船舶。

摇橹划水

櫓从表面上看似乎与桨差别不大,但它却可以在较深的水域里给船提供动力。它的设计灵感来自于鱼儿摇动的尾巴,是中国特有的划船工具。它把桨和篙间歇划水的方式,转化为连续划水。看似简单的改进,却大大提高了划水效率。

➡ 摇橹船

轮船的出现

富尔顿经过不断改进,于1803年制造出了自己的第一艘轮船,但在试航成功的晚上就被暴风雨摧毁了。后来,他又制造出"克莱蒙"号,成功地完成了从纽约到奥尔巴尼的240千米的路程。于是,真正意义的轮船诞生了。

⬆ 富尔顿发明的蒸汽机船

船的雏形——筏

　　人们发现竹子、原木，还有充气后的皮囊等在水里的时候，不会下沉，有一种特殊的浮力使它们能够浮在水面上。于是，早期的人们就利用这种力量发明了筏。筏的种类有很多，利用不同的材料可以制作不同的筏。筏子制作简单、使用方便，有些国家和地区一直沿用至今。

安全的竹筏

　　将竹子并排用藤条扎在一起，就制作成了我们今天也可以见到的竹筏。它最早出现于2000多年前的中国，是江南地区的水上交通工具。竹筏行驶起来非常安全，因为吃水量少，浮力强。根据承载量的不同，竹筏所用的竹子也有多有少。5根～8根的称为小筏，11根～16根的就称为大筏。

⬆ 竹筏

木头筏子

　　木筏是将整根木头切割成适当的大小，然后再并排捆扎起来制成。因为木头与竹子的质地不同，它本身具有一定的吸水性，所以对于制作木筏的木头还要经过一些防腐处理。否则，长期浸泡在水里，会影响筏子本身的使用寿命。

⬇ 木筏

原始的皮筏

人们将整头牛或羊的四肢和头割去，完整地把皮剥下，放进清油及盐水中浸泡，晾干后将伤口缝合充气，并排绑在框架上，就制成了皮筏。按材料可分为牛皮筏和羊皮筏。主要流行于中国的青海、甘肃、宁夏境内的黄河沿岸；唯一不足的是它只能顺水而行，不能逆水而上。

漂流运动

筏子在水中的重要运动方式是漂流。现代人们已将这种漂流发展成为挑战极限的一种体育运动。在从事这项运动时，漂流爱好者大都挑选水流时而湍急时而平缓、地形相对复杂的水路。筏子在这样的河道中颠簸着顺水而下，在与岩石和浪花的较量中，人们体会到了与自然抗争的快感。

↑ 现代的皮划艇漂流

安全漂流

漂流是一种挑战体能与胆量的运动，但是在享受刺激的过程中，安全问题也是必须要考虑的。穿着救生衣是绝对必要的，防止在湍急的水流中不慎翻船。另外，应尽量减少携带不防水的东西。在渡过地形复杂的河段时，应抓紧扶手带。注意沿途的提示标志，可对前方的水路情况做以简单了解。

↓ 漂流运动

帆　船

　　帆船是纵横在大海上的一种交通工具，它由海风鼓起船帆，再推动帆船前进。这种借助风力航行的工具要受自然条件的影响，所以，当先进的蒸汽机船出现以后，它就被取代了。

帆的出现

　　帆似乎是在人类的长期实践中，不知不觉地走入了人类的生产、生活的。也有观点认为，发明帆的人是受了一种叫鲎的动物的启发。风帆要借助于桅杆在船上升起，将风力收集，带动船体顺风而行。风力越大，帆的面积越大，船的航行速度就越快。

"五月花"号帆船

帆船的发展

　　帆船的发展经历了三个阶段。从公元前 4 000 年～公元 1440 年是第一阶段，这一时期以地中海的"南方"商用帆船与波罗的海的"北方"单桅酒船为代表。第二阶段，1440 年～1840 年，这一时期各类帆船开始逐渐完善起来。再向后发展，从公元 1840 年到 19 世纪 90 年代，以长船的出现为标志，帆船进入了快速航行的阶段。

早期的海盗帆船

逆风航行

帆船在逆风时也能航行，因为船帆可以根据风向随时改变角度。遇到逆风的时时候，只要船身稍稍侧转一些，让船帆和船身之间有一定的角度，就不会影响船只向前航行了。

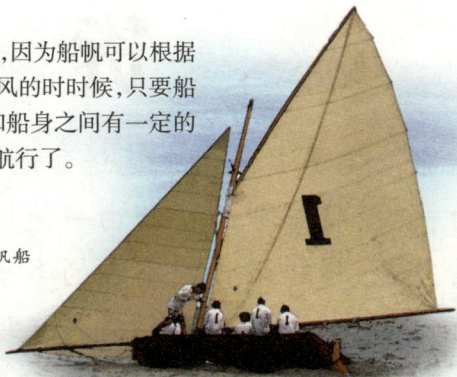

▶ 比赛用帆船

◀ 帆船

第一次环球航行

人类的第一次环球航行是由葡萄牙著名航海家麦哲伦带领五艘帆船组成的舰队完成的。

快速帆船

快速帆船曾是世界上最快的帆船，它横穿大西洋需要 12 天，但是如果用当今最快的邮轮却只需要 3 天半的时间。

帆船运动

如今的帆船已不仅仅局限于交通运输了，帆船运动已成为一项全球性的体育项目。比赛用的不是大型帆船，而是一种结构非常简单的单桅船，由船体、桅杆、舵、稳向板、索具等部件构成。这个项目最早源于 16 世纪 ~ 17 世纪的荷兰，现已发展成为世界性的体育赛事。

↑ 帆船比赛

货 轮

货轮就是专门用来运送货物的轮船。凭借着水对船的巨大浮力，货轮将整船的货物由一地运往另一地，沟通着世界各国的贸易交流。货轮根据载重量的多少和货物性质的不同，分为很多类，它们发挥着各自的作用。在现代的海洋上，货轮是数量最多的一种轮船；在运输货物方面，水上运输也是非常重要的一部分。

散装货船

谷物、沙石、煤炭等一些不具有固定形态的散状货物，需要特殊的散装货船来运载。为了方便装卸，这类货船的货舱口一般都比较大。另外，有些货物很重，比如沙土、钢材等，所以船的结构需要非常坚固。

↑ 煤碳船

普通货船

普通货船又称干货船。这种货船上的建筑矮小，生活设施比较简单，甲板层数也不多，但是它拥有宽敞的货舱。在出发前，人们先将货物打包装箱，然后用船上的吊杆，或者其他起重设备将货物吊到船上，最后将货物在货舱内安放整齐。

冷藏货船

　　有些货物很容易在短期内腐坏，为了保鲜，就出现了冷藏货船。它在外形上与普通货船没有什么区别。但是在内部，整个船舱都利用特殊的制冷装置降温，船体甲板和货舱壁也都装有特殊的隔热材料。整条船在航行途中就好像一个大冰箱，装载着鱼、肉、蔬菜等新鲜食物。

➡ 冷藏船

⬆ 滚装船

滚装船

　　第一艘滚装船由美国人在1958年制造。滚装船是利用牵引车或叉车直接将货物运送到货舱内，又称"滚上滚下船"。装卸效率高，水陆连通，很方便。船内设有很多层甲板，用来安放货物；还有特别设计的跳板、可活动的斜坡道和升降平台，供运输货物的车辆行走。但是，由于它的重心高，所以稳定性不好。

集装箱船

　　采用集装箱运输是现代使用较多的一种海上运输方法。集装箱具有统一的规格大小，将零散的货物装进集装箱，便于安放整齐。集装箱船分为部分集装箱船、全集装箱船和可变换集装箱船。部分集装箱船就是指将货舱的一部分用于存放集装箱，其他的还可以存放杂货；全集装箱船就是专门运载集装箱的轮船；可变换集装箱船就比较自由了，它装载集装箱的结构是可以拆分的，可以根据实际需要安装或者拆下。

⬆ 满载着集装箱的轮船

特殊用途的船

如今的水上交通非常发达，人们不但建造出了各种大型的、更加安全和先进的船舶，而且还制成了一些特殊用途的船，为人们的生产、工作和生命安全作出了突出的贡献。

救生船

救生船是专门给遭遇海难的人员提供救助的。这种船虽然船身不大，但是它救起人来却又快又及时。

➡ 海上救生艇

起重船

起重船是专门用来进行水上作业的，它有一个很长很长的吊臂，能朝四面旋转，一次能吊起几百吨货物，是个厉害的"水上大力士"。

消防船

消防船是专门用来扑救火灾的。船上装有高压水枪,遇到海上船只等起火了,它能迅速地扑灭几十米高的火焰。

⬆海上消防船

破冰船

破冰船是一种能在带冰航道上破冰前进的特殊船只,可以用来冲开北方那些被冰封住的港湾和海面,让船只顺利航行,也可以用在南北极的探险上。

游　轮

　　发展到今天，游轮已经不仅仅只是运载乘客的工具，它集休闲、娱乐、商务于一身，是人们休闲度假的最佳选择。现在的大型游轮可达十几万吨级，容纳的旅客也越来越多。

和邮轮的关系

　　有些地方将游轮也称为"邮轮"。因为早期，人们一直用轮船传递邮件。现代的邮轮不同于以前，它已经不具备邮递的作用，而是发展成了以运载乘客为主的客轮，很多人旅游度假都会首选游轮，因为不仅可以欣赏海景，舒适的环境还会让人找到家的感觉。

⬆ 豪华游轮的内部

⬆ 豪华游轮的露天游泳池

⬆ 豪华游轮

神气的"法兰西"号

"法兰西"号是 20 世纪 60 年代航行在大西洋上的豪华游轮。它最具特色之处是它的防火措施,船上没有木制品,连装饰用品都是用耐热防火材料制成的。它还拥有巴黎最好的百货公司分行、一间海上最大的电影院,甚至还有医院和太平间,俨然一座"海上城市"。

"法兰西"号

豪华的"玛丽女王二世"号

"玛丽女王二世"号可以说是客轮中的"女王",它身长 345 米,是世界上最长的客轮;其次,它的吨位达到 15 万吨,可同时容纳 2 800 人;第三,它是最高、最豪华的客轮。船上设有酒吧、戏院、图书馆等,应有尽有,就像是一座移动的城市。

"玛丽女王二世"号客轮

不幸的"泰坦尼克"号

"泰坦尼克"号是 20 世纪初最大、最豪华,也是最昂贵的客轮。1912 年 4 月 15 日是它的处女航,由英国南安普顿驶往纽约港。在途中,不幸撞到冰山,整艘船都沉没了,2 224 名乘客中仅有 711 人生还。

汽艇、游艇与潜水艇

我们把那些比较轻便的船只称为"艇",如汽艇、游艇、潜水艇,它们有的在水上风驰电掣,有的在水下大显身手,有的供人玩乐,有的用于探测。

汽艇

汽艇又叫"摩托艇",以前是指那些以蒸汽为动力的小船,现在指内燃机小船。如今,它主要用来进行体育比赛、观光游览或者短程的水上交通等。

➡ 汽艇比赛

⬆ 汽艇

汽艇的动力

汽艇上装有水喷式发动机,发动机通过一根导管把水吸进来,然后再通过压力的作用从船尾压出去,这样,船就被推动着向喷水相反的方向前进了。

游艇

　　游艇是一种专门用来娱乐、休闲、观光的船,它具有灵活机动的特点,既可以高速行驶,又可以在浅海地区的海面上缓缓地随波逐流。

🔷 豪华游艇

潜水艇

　　潜水艇是一种适合在水下航行的交通工具,它可以在水下停留几个星期。工作人员待在主控室里,抬高潜望镜便可以观察水面上的情况了。

🔷 美国夏威夷毛伊岛的观光潜艇

能离开水面航行的船

船是浮在水面上的，但是有些船却能离开水面航行，如气垫船、水翼船、双体船等。因为这些船不受水的阻力，所以航行起来速度特别快。

双体船

双体船是船的一种设计，办法是把2个或3个船体横向固定在一起。这种船可以把两个双船身之间的船体抬出水面。

➡ 双体船

气垫船

气垫船起源于英国，是英国电子工程师发明的。它的船身下有一个充气的气垫，用大风扇把空气吹到里边，船就能完全浮在水面上飞驶。

⬇ 气垫船

← 在雪地上行进的气垫船

两栖气垫船

　　跟动物当中的两栖类一样，有些气垫船既可以在水面上游，同时还可以在陆地上行驶，我们把它们叫作"两栖气垫船"。

波音喷气式水翼船

　　波音喷气式水翼船的水翼能把船身抬升到水面 2 米高的地方，使航行速度比在水中航行的速度快了两倍多。在转弯时，它还能像飞机一样倾斜，使乘客很舒适。

↑ 水翼船

飞天的梦想

飞上蓝天是人们自古以来的梦想，为了实现这个美丽的梦想，人们一直尝试着用各种方式飞上天空，人类的第一次飞行是由美国的莱特兄弟完成的。

⬆ 上图为德国奥托里林塔尔 Otto Lilienthal 的飞行器概念图。

飞天的尝试

为了飞上蓝天，人们作了许多尝试。有人给自己绑上一对"大翅膀"，从高处跳下来飞行；有人把自己绑在大风筝上用马车拖着跑，想乘风筝飞上天空，但这些举动都没有成功。

⬅ 1906 年 11 月 12 日，阿尔伯特·山度士—杜蒙的"14 bis"飞机成功地飞至 6 米高空，成为世界上第一次成功的动力飞行。

飞艇

　　和热气球一样，飞艇也是靠加热空气飞上蓝天的，但是它的结构更复杂，而且还能控制飞行方向。热气球无法做到这一点。

氢气球

　　充满氢气的氢气球也比较容易飞到天上去，这是因为氢气的密度比空气中氧气的密度小得多的缘故。

🔺人类第一次乘坐氢气球的飞行

热气球

　　热气球是飞机发明以前的一种可以升上天空的飞行器，它用燃烧器来加热气囊中的空气使气球上升，悬挂在气囊下的竹篮就能把人或物品带上天去。

🔺早期的热气球实验

🔺热气球

空中交通

很早的时候，人们就幻想着像鸟儿一样自由地在天空中飞翔，空中交通工具帮助人们实现了这个愿望。作为快捷、迅速、独特的运输方式，空中交通工具承载着人类的生活和梦想，飞向更高的天空，飞往更远的地方。

不断发展的飞机

自从莱特兄弟的"飞行者"1号问世后，飞机按照人们的意图和需要不断发展着。现代的飞机形形色色，能够满足人们不同的需要。随着科技的发展，人们又对飞机提出了新的要求，智能化、自动化等已经成为未来飞机的发展趋势。

🛦 莱特兄弟的"飞行者"1号模型

🛦 军用运输机 C130

空中运输机

运输机是专门用来运送货物和旅客的飞机。1933 年，美国波音公司的波音 247 原型机载着 10 名乘客首次试飞成功，从此，具有现代意义的运输机诞生了。如今，在抗灾抢险、医疗救助等方面，运输机都起着十分重要的作用。

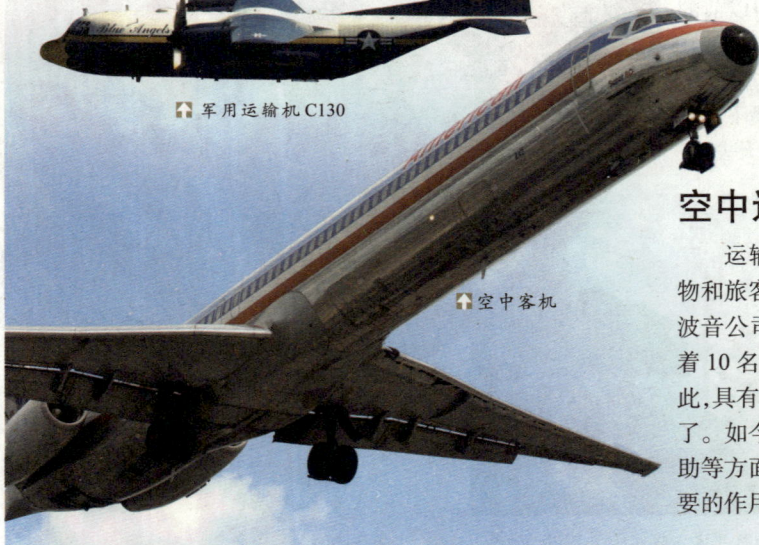
🛦 空中客机

垂直起落——直升机

直升机最初的设计源自画家达·芬奇描绘的一台以螺旋桨驱动的飞行器。1939 年，第一台具有实用意义的直升机诞生了。直升机具有许多其他飞行器不具备的优势，因此被广泛地应用在火灾救援、商务运输、医疗救助、探测资源等方面。

↑直升机

登机程序

来到机场后，首先应该凭客票和有效身份证件，办理乘机和行李交运手续，领取登机牌。之后，要通过安全检查。除了对有效证件的查验外，还要对携带的行李进行检查。通过一系列检查后，旅客就可以在候机厅等候登机了。

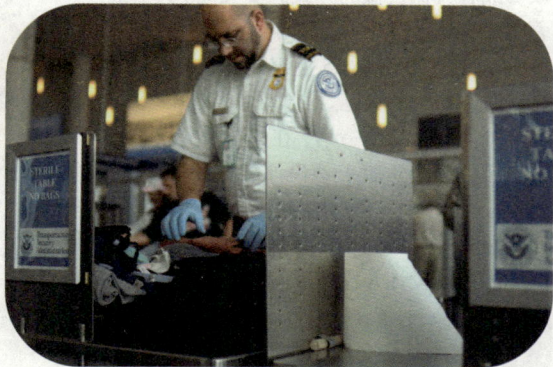
↑海关检查行李箱

↑护照及登机牌

↑登机

飞机的发明和发展

当看到鸟和昆虫挥动着翅膀,在空中飞翔的时候,人类也想尝试一下。于是,人类怀揣着最初的梦想开始了对飞翔的探索。凭借着坚持到底的信念和不断探索的精神,终有一天人类飞上了蓝天。飞机出现了,它带着人们飞翔在更高的高空,人们似乎伸开双臂就可以拥抱蓝天。

插翅而飞

一直以来,人类从鸟挥动翅膀得到启发,利用羽毛或其他人造物做成类似翅膀的工具,靠挥动双臂或者其他机械的方式想要飞翔。其中最著名的有达·芬奇设计并制造的"扑翼机"。达·芬奇是 15 世纪欧洲文艺复兴时期伟大的文艺、科学巨擘。他不仅在绘画上有很高的造诣,在科学研究上也有着自己的突出贡献。他设计的扑翼机有宽大的翅膀,还有一个三角形的尾羽,完全模仿鸟的样子设计,人仰卧在机翼中部,拉动特制的手柄控制翅膀挥动,但他的这一设计并没有成功。

达·芬奇设计的飞机模型

最初的试验

英国的乔治·凯利爵士发明了第一架滑翔机,但不能称为真正意义上的飞机。在他之后,1874 年和 1884 年法国的迪唐普尔和俄国的莫查依斯基,相继推出了自己发明的飞机。虽然他们采用蒸汽机驱动,可飞机却只能做短距离的跳跃飞行,仍旧不能算是真正的飞机。

1909 年 7 月 19 日法国人休伯·拉撒姆驾驶安托瓦内特 4 号单翼机,试图飞越英吉利海峡,试飞失败。

真正的飞机

　　莱特兄弟将真正意义上的飞机带给了人类。在 1903 年他们制造出的"飞行者" 1 号是第一架依靠自身动力，并且能够载人飞行的飞机。这架飞机经过了 4 次试飞，不断改进，在最后一次试飞的时候在空中停留了 59 秒，飞行距离达到 260 米。

↑1903 年 12 月 17 日，莱特兄弟的"飞行者—1 号"在美国北卡罗来纳州的一处荒丘上进行试飞。

←1908 年 1 月 13 日，在法国，飞行员亨利·法尔曼驾驶着他的法尔曼双翼飞机进行了一次将近一英里的环形飞行。

冯如发明飞机

　　冯如是中国最早的飞机设计师和飞行员。他于 1908 年制造出自己的第一架飞机。1909 年 9 月 21 日，他在美国奥克兰市附近的派得蒙特山丘上试飞成功。后来他又对自己的飞机进行了新的调整和改良，他后期研制的飞机时速可达 105 千米，能够在高度为 210 米的高空飞行 32 千米。

首次飞越大西洋

　　1919 年 6 月 14 日，人类驾驶着飞机首次飞越了大西洋。完成这一重要使命的是英国的阿尔科克上尉和布朗中尉。他们驾驶着"维米"式飞机，从加拿大纽芬兰的圣约翰斯起飞，次日凌晨降落在英国境内。飞行当天天气非常恶劣，但最终还是在艰难中顺利地完成了飞行。

飞机的构造

自100多年前美国的莱特兄弟发明了飞机之后,经过人们的不断改进,飞机制造技术已经达到很高的水平。如今,飞机成了很多人出行和旅游重要的交通工具之一。

喷气式发动机

喷气式发动机是现代高速飞机广泛使用的推动力。它的工作原理是将空气吸入,与燃油混合,点火,爆炸膨胀后的空气向后喷出,产生的反作用力就会推动飞机前进。

⬆喷气式发动机

机身

飞上蓝天

喷气式发动机推动着飞机在起飞跑道上行驶,空气从机翼两侧滑过产生一种向上的抬升力,当飞机越跑越快,这种力量越大时,它就可以脱离地面飞起来。

⬆喷气式飞机尾部的尾迹云

飞机机身

　　飞机的机身主要用来装载人员、货物、燃油、武器和各种物资，它还可以把机翼、尾翼、起落架和其他有关的构件连接成为一个整体。

◤ 飞机机舱内部

机翼

　　机翼是飞机的重要部件之一，安装在飞机的机身上，它最主要的作用是产生升力，同时也可以布置成弹药舱和油箱，在飞行中还可以收藏起落架。

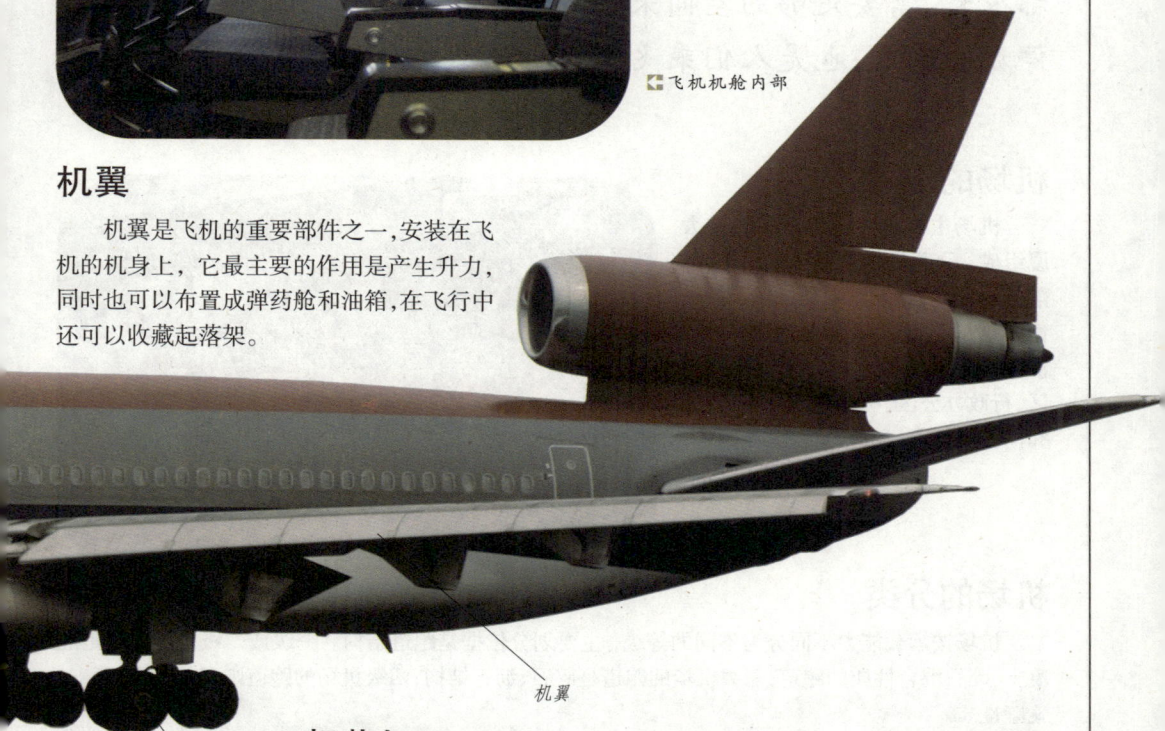

机翼

起落架

　　起落架是飞机在地面停放、滑行、起飞着陆滑跑时用于支撑和承受负荷的装置，它的作用有一点像汽车的车轮。

起落架

◤ 飞机的着陆

飞机场

　　飞机的起飞和降落是一个长距离的过程,因此就需要提供给飞机一个较大的空间来完成这两个动作。此外,飞机的体积一般都很大,需要足够的空间来停放。飞机场就是飞机起飞、着陆和停放的地方,也是人们乘飞机出行的必经之地。

机场的组成

　　机场主要由飞机跑道和航站大厦组成。飞机跑道就是飞机起飞、降落的地方;航站大厦则是机场人员工作的地方,同时,也是机场向旅客们提供各种服务的地方。大厦中有货运区、行政办公区、机务维修设施、救援和消防设施等。

➡ 机场售票大厅

机场的分类

　　机场按承载能力不同分为不同的等级,主要划分依据是跑道结构。一级或二级机场主要是混凝土、碎石混合性质的跑道;三级机场的跑道是碎石、沥青结构;四级机场的跑道则多是土质、草皮、戈壁性质。

↓ 飞机跑道

戴高乐机场

　　法国戴高乐机场是世界最大的机场之一，它位于巴黎的东北部，占地约30平方千米，客容量每年可达5 000万人次，高峰期每小时可起降班机150架次。机场为钢筋混凝土结构，外观没有过多的装置，十分庄重大方。

⬆戴高乐机场

⬆飞机驾驶舱

飞机起飞

　　准备起飞前，飞机首先是三点滑跑，油门加到最大以获得较大的速度，当速度达到一定阶段，抬起前轮使之保持两点滑行，增大仰角。在速度不断增大的同时，升力也在不断地增大，机身就自然离地、起飞。

⬆飞机起飞

机场其他设施

　　飞机场是由各种设施共同组成的，与火车站、汽车站不同的是，除了必须的候机厅外，飞机场还有其他的一些专有的设施，长长的跑道、宽广的停机坪、专有的照明设施等，而且这些设施在技术上要求一般都比较高，必须保证飞机起飞、降落以及停放等各个环节能够安全有序的进行。

气象观测系统

　　天气情况对于飞机的安全起降相当重要。在美国和加拿大，绝大多数机场，无论大小，都要有自动气象站或气象观测员，或二者均有。机场气象观测，主要是航空例行天气报告的格式，可通过无线电、自动终端情报服务、空中交通管制或飞行服务站得知，如飞机起飞和降落时要注意风速和风向。

↑ 机场天象预报系统

机场照明

　　许多机场都有跑道灯，在夜间、大雨或浓雾的情况下，引导飞机使用跑道和滑行道。跑道上，绿色灯光代表降落的起点，而红色灯光代表跑道的终点；跑道两侧边灯为白色，以一定的间距排列在跑道两侧，表明跑道边缘。低流量的机场会使用飞行员控制灯光，让飞行员在飞机上控制跑道的照明，可节省电力和人员成本。除了跑道之外，滑行道也会有指示灯，蓝灯代表滑行道的边缘，一些机场还会装设绿灯代表滑行道的中线。

↑ 机场

停机坪

停机坪是为飞机停放及各种维修活动所提供的场所。停机坪的布置，除应考虑维修设备的不同要求外，还要考虑飞机试车时气流的吹袭影响、供飞机停放和进行各种业务活动，可能对停放、滑行的飞机、地面设备和人员造成威胁。其中直升机的停机坪为长方形，每两个停机坪间用 6 米的宽的草坪隔开。

⬆ 停机坪

⬆ 塔台是一种设置于机场中的航空运输管制设施，用来监看以及控制飞机起降的地方。

驱鸟器

鸟儿虽然是人类的朋友，我们应该爱护鸟儿，但在某些场合下鸟却给人类带来了很多麻烦，尤其对于正在飞行的飞机来说，即使是非常小的鸟儿撞到飞机上都很有可能引发一场空难。机场的鸟令人头疼。驱鸟器的出现，使人们从噩梦中醒来，现在驱鸟器已经成为飞机场的重要设施之一，发挥着越来越重要的作用。

滑行道

滑行道的主要功能是提供从跑道到候机楼区的通道，使已着陆的飞机迅速离开跑道，不与起飞滑跑的飞机相干扰，并尽量避免延误随即到来的飞机着陆。滑行道可将性质不同的各功能分区连接起来，使飞机场最大限度地发挥其容量潜力并提高运行效率。

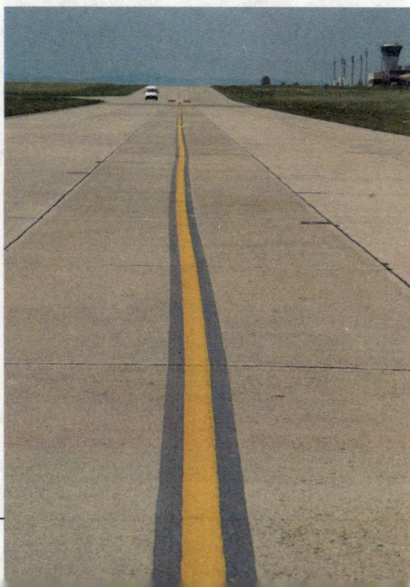
⬅ 滑行道

飞行航线

　　飞机在天空中飞行是有固定的线路的,这就是飞行的航线。航线使飞机的飞行路线更加明确,从而能安全快捷地到达目的地。如今,我国已开通了国内、国际的多条航线,给人们的出行带来了极大的便利,任何地方都不再遥不可及。

航线的设定

　　飞机飞行的路线称为空中交通线,简称航线。飞机的航线不仅确定了飞机飞行的具体方向、起讫点和经停点,而且还根据空中交通管制的需要,规定了航线的宽度和飞行高度,以维护空中交通秩序,保证飞行安全。

我国第一条航线

　　1920 年 4 月 24 日,中国第一条民用航线——京沪航线京津段试飞成功。虽然这条航线开通不久后就停航了,但是作为第一条民用航空运输线,它已载入中国航空的史册。如今,京沪航线已成为我国最主要的航线之一。

　　每一架飞机都有固定的航线,根据空中交通管制的需要,规定了航线的宽度和飞行高度。

↑飞机的航线确定了飞机飞行的具体方向、起讫点和经停点，这样人们就知道了自己的航程。

国际航线

　　航线按起讫点的归属不同分为国际航线和国内航线。国际航线指我国境内与国外的航空运输线。目前，中国国际航空公司、中国东方航空公司等都有多条国际航线，国际航线的开通使世界各地都不再遥远。

国内航线的分类

　　国内航线分为干线航线和支线航线点对点航线。干线航线是指连接北京和各省会、直辖市或自治区首府或各省、自治区所属城市之间的航线；支线航线则是指一个省或自治区之内的各城市之间的航线。

↑飞机不管是起飞还是降落的时候都设定了高度，避免产生了冲撞。

客　机

　　客机是专门用来运送旅客的民用飞机,也称作民航飞机。从第一架客机诞生以来,几十年来,客机经历了巨大的发展和变革。今天,客机已成为我们远途旅行最快捷的交通工具,舒适的环境和优质的服务,使我们觉得客机就是一个空中家园。

↑喷气式飞机是一种使用喷气发动机作为推进力来源的飞机。图为 MD-80 喷气式飞机。

客机的发展

　　1920—1930 年是航空史上的大发展时期,当时最成功的客机是美国研制的 DC—3 型飞机。20 世纪 50 年代出现了喷气式客机,是民用航空技术的一大变革,德·哈维兰公司制造的彗星客机是历史上第一架喷气式客机。到了 20 世纪 70 年代,出现了第一种宽体客机——波音 747。

客机的分类

　　客机按服务的航线性质分为干线客机和支线客机;按航程分为短程客机、中程客机和远程客机;按起飞重量与载客量,分为小型客机、中型客机和大型客机;按驱动方式可以把客机分为螺旋桨式客机和喷气式客机。

↑随着科技的发展,客机的外形越来越精巧,性能也越来越优越。

波音 747 客机

波音 747 飞机是美国波音公司研制、生产的首架宽体喷气式客机。自 1970 年波音 747 飞机投入运营以来，一直是全球最大的民航机，垄断着民用客机市场很多年。波音 747 飞机拥有双层客舱及独特的外形，是最容易辨认的民航客机。

⬆波音 747 客机是世界最著名的客机之一。

主要客机生产商

目前，世界上主要有四大主要客机生产商，即波音公司、空中客车公司、庞巴迪公司和巴西航空工业公司。其中，波音公司是世界上最大的航空制造公司，自成立以来，波音公司一直致力于各种飞行器的开发和应用，为航空事业作出了巨大贡献。

⬇A321 是欧洲空中客车工业公司研制的双发中短程客机，是 A320 系列飞机中最大的成员。

运输机

自从飞机诞生后,尽管人们曾利用它运送货物,但是还没有形成真正的空中货运。经过人们的不断努力和实践,专门用来运送货物的运输机终于诞生了。早期的运输机常用来运送邮件和货物,今天的运输机承载着更多运输任务,大大地方便了人们的需求。

早期的空中货运

1911 年,英国飞行员蒙斯·佩凯在印度驾机为邮政局运送了第一批邮件。同年 7 月初,英国飞行员霍雷肖·巴伯将一名女乘客从肖拉姆运送到亨登,并将通用电气公司一纸箱"奥斯拉姆"灯空运至霍夫。这都是早期的客货空运。

C-130 "大力神"运输机是美国最成功、最长寿和生产最多的现役运输机。

第一家空运公司

1916 年,英国的乔治·霍尔特·托马斯创建了飞机运输和旅游公司,这是世界上第一家飞机空运公司。但是,当时并没有专门的运输机,使用的大都是经过改装的军用飞机,这应该算是现代运输机的起源。

运输机的诞生

由于军用飞机不适于运送货物的需要,1919 年前后,德国的容克斯和福克首先着手设计制造专用的小型运输机,容克斯设计的 F-13 飞机是最早的全金属结构运输机,福克制造的 F-II 飞机为钢管机身结构,它们都是最早的专用运输机。

⬆DC-3 运输机

DC-3 运输机

1935 年,道格拉斯公司推出了 DC-3 运输机。它是有史以来最有影响的运输机,几乎世界上所有大型航空公司和众多小型航空公司都使用过这种飞机,它为发展和建立可靠的世界航空网、促进航空运输作出了巨大的贡献。

⬇V-22 运输机是美国海军研制的世界上第一种偏转翼飞机。

直升机

在遇到一些紧急情况时,人们需要飞机的特殊援助。但是,有些地方没有能够供飞机起飞和降落的长距离跑道。直到直升机的出现,飞机才实现了能够在没有跑道的情况下自由起落的梦想。

竹蜻蜓的启发

小孩子都玩过竹蜻蜓这种玩具,用双手把细细的杆子一搓,竹蜻蜓就飞了起来。早在 2000 多年前,中国就有了竹蜻蜓,可以说它就是直升机的雏形,在直升机的发明和研究中,给了人们很大的启发。

← 执行任务的直升机

第一架直升机

1907 年,法国人保罗·科尔尼发明了人类第一架直升机。在当年的 11 月 13 日试飞成功,它完成了垂直升空,依靠自身动力离开地面 300 厘米,连续飞行了 20 秒。

↖ 现代直升机

真正的直升机

公认的直升机的发明者是美国的伊戈尔·伊万诺维奇·西科斯基。他在 1939 年制作出了第一架真正意义上的直升机——VS-300 直升机。这架直升机是单旋翼带尾桨式直升机,是现代直升机中最常见的机型。

⬆ 阿帕奇军用直升机

起飞的动力

直升机的旋翼高速旋转,在与周围的空气相互作用中,产生了向上的升力,这就是直升机起飞的动力。它主要是靠桨叶的旋转产生,所以即使在半空中直升机的发动机停止运转,飞行员仍旧可以通过特殊的装置使桨叶保持转动,以防止机体快速下降。

⬆ 科曼奇直升机

水上飞机

　　普通飞机的起飞、降落和停泊都要以平坦、坚实的陆地做支撑。可就有这样一种特殊的飞机，可以在水中自由地完成上面的动作，让其他飞机可望不可及，这就是"水上飞机"，它可以根据人们特殊的需要，在水面上完成飞行或其他任务，是人类水上作业的好帮手。

水上飞机分类

　　水上飞机可分为浮筒式、船身式和水橇式，这些区别是因为在水中产生浮力的装置结构不同。浮筒式就是机身依靠浮筒产生的浮力；船身式的浮力装置类似于船舶的船体；水橇式就是在机身下安装了专门的"橇"状结构，飞机可以在水面上漂浮、滑行、起落。为了方便飞机的陆上行动，水上飞机的底部还装有轮子。

↑世界上第一架水上飞机是一架浮筒式的水上飞机

用途广泛

　　水上飞机由于特殊的性能，用途非常广泛，最早人们将它应用在军事活动中，装上炸弹、鱼雷等的水上飞机，是很好的进攻武器。在第一、第二次世界大战中，水上飞机在侦察、进攻、与空军协同作战等方面，都是功不可没。在和平年代，当油轮不慎在海中泄漏时，水上飞机可以帮助喷洒化学药剂，清理水面上的浮油，防止造成污染。另外，在一些需要特殊气氛的场合，水上飞机还能够进行精彩的水上表演。

↑水上飞机

航天篇

  像鸟儿一样翱翔天空一直是人类的梦想，自从利用热气球第一次飞上天空起，人类的航天时代来临了，而科学技术的发展为航天事业的迅速发展提供了前所未有的帮助。飞机的出现使人类实现了用机械动力飞行的理想。现代火箭的出现更帮助人类走出了地球。于是，人类的航天事业逐步进入了全新的发展阶段。

什么是航天

遨游太空,探索浩瀚的宇宙,是人类千百年来的美好愿望。在古代,由于科技不发达,人们只能凭借想象来猜测宇宙的样子。到了现代,航天事业的飞速发展使人们终于可以探索宇宙的真面目了。

活动领域的扩展

最初,人类的活动领域仅限于陆地,后来扩展到了海洋。随着科学技术的迅猛发展,人类的活动领域又扩展到了大气层内空间,到如今已经延伸到了第四环境——外层空间。

航天飞机是人类探索外层空间的航天器。

航天的定义

航天是指人造卫星、宇宙飞船等飞行器在大气层外宇宙空间的航行活动。航天技术也叫空间技术，它是一种综合性极强的工程技术，涉及的技术门类几乎包括整个现代技术体系。

⬆ 在地球卫星的帮助下，人类揭开了地球的许多秘密。

航空与航天的区别

航空指的是飞机等飞行器在地球附近大气层中的飞行活动。飞机、直升机等飞行器被统称为航空器，它们要依靠空气驱动，只能在大气层内飞行；而人造卫星、宇宙飞船等航天器则出了大气层，在宇宙空间中活动。

载人航天

载人航天是指人类驾驶和乘坐载人航天器在太空中从事各种探测、研究、试验、生产和军事应用的往返飞行活动。载人航天器可以分为载人宇宙飞船、载人空间站和航天飞机三类。

⬅ 宇航员在月球上工作。

航天简史

人类的航天时代从利用热气球第一次飞上天空开始,而科学技术不断推进着航天事业的发展,火箭的出现、宇宙飞船的第一次升空、第一次登上月球、第一次太空体验、空天飞机的问世……这些都成为航天史上最辉煌的一页。

火箭的诞生

现代火箭理论起始于 20 世纪初,但是将它作为运载工具使用的历史并不长。通常认为在第二次世界大战末期,作为运载工具的火箭才出现。至此,火箭技术迅速发展起来,成为现代航天活动中重要的运载工具。

"土星 5 号"是目前为止人类研制的最大的运载火箭,由美国研制,专门用于"阿波罗"登月计划。

第一颗人造卫星

人造卫星的概念始于 1870 年，但是直到 1957 年 10 月 4 日，世界上第一颗人造地球卫星"斯普特尼克"1 号才发射升空。它标志着人类的活动疆域已经从陆地、海洋、大气层扩大到了宇宙空间，人类从此开启了宇宙的大门。

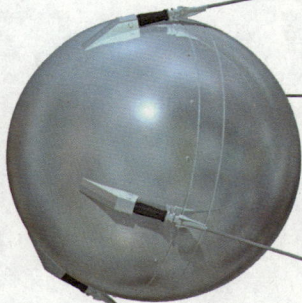
↑"斯普特尼克"1 号人造卫星

↑空间站里身着舒适的衣服工作的宇航员

载人航天器出现

载人航天器具有保障人生存的生命保障功能，这样宇航员在发射入轨、在轨运行和返回着陆时都能正常工作，这是它和不载人航天器最大的差别。此外，生活舱内有适合人生存的大气压和大气成分，有适合的温度和湿度，并提供基本的生活设施。

第一艘宇宙飞船

1961 年 4 月 12 日，前苏联的"东方"号宇宙飞船承载着第一个宇航员加加林飞入太空，在人类航天史上立下了一座永恒的里程碑。

↑加加林

航天先驱者

　　在航天领域,有很多把毕生精力都奉献给航天事业的先驱者,他们是航天事业的领航员,也是真正的英雄。正是在这些航天先驱的努力下,航天事业才取得了辉煌的成就。

齐奥尔科夫斯基

　　俄国科学家齐奥尔科夫斯基是一位自学成才的科学家,他于1903年提出了著名的火箭公式,这个公式被誉为宇宙航行第一公式。

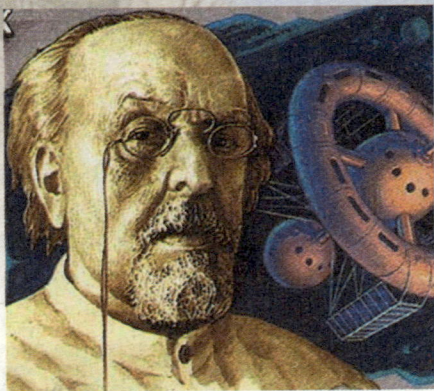

⬆ 齐奥尔科夫斯基

现代火箭之父

　　美国科学家戈达德在1909年开始进行火箭动力学研究,3年后他证明火箭可以在真空中运行。他第一个制造出了齐奥尔科夫斯基设想的液体火箭,因此被誉为"现代火箭技术之父"。

⬆ 戈达德

埃斯诺·贝尔特利

法国的埃斯诺·贝尔特利在 1912 年的演讲中提出了第一宇宙速度。他在演讲中描述了火箭的工作和飞行原理,推导出了火箭在真空中运动的方程,求出了火箭的逃逸速度为每秒 11.28 千米。

↑埃斯诺·贝尔特利

德国航天之父

赫尔曼·奥伯特(1894—1989 年)是一名数学和物理学教授,1923 年,他发表了《飞向行星际空间的火箭》,这本书后来被称为宇宙航行学经典著作。书中提出空间火箭点火的理论公式,用数学的方法阐明了火箭如何获得脱离地球引力的速度。1929 年,奥伯特设计了名为"锥形喷管"的小型液体推进级火箭。这枚火箭在 1930 年 7 月 23 日,成功地经过了发射测试。他被称为"德国火箭之父",他的研究,为此后布劳恩等人的火箭研发铺平了道路。

↑赫尔曼·奥伯特

→沃纳·冯·布劳恩

沃纳·冯·布劳恩

布劳恩是 V1、V2 火箭的总设计师,也是美国第一颗人造卫星研制的关键人物。此外,他还主持了"阿波罗"登月计划,完成了美国航天飞机的初步设计。

火　箭

　　尽管火箭很早就出现了，但直到第二次世界大战末期，火箭技术才得到了迅速发展和广泛应用。在火箭的帮助下，人类终于可以一探太空的"庐山真面目"了。目前，俄罗斯、美国、中国等国都走在世界火箭技术的前沿。

火箭的工作原理

　　火箭的工作原理利用了牛顿的第三定律，即"作用力和反作用力"的原理。火箭的燃料燃烧时产生了高温高压的气体，这些气体从尾喷管高速喷出，在反作用力的作用下，箭体就向前飞去。

推力

重力

现代火箭技术之父

　　火箭的发明不是某一个人的贡献,它集结了许多发明创造者的智慧。戈达德在前人的基础上,于1909年开始进行火箭动力学的研究,制造出了齐奥尔科夫斯基所设想的液体燃料火箭,因此而被誉为"现代火箭技术之父"。

火箭的分类

　　现代的火箭按其发动机使用的能源不同,可分为化学火箭、核火箭和电火箭。其中化学燃料火箭的用途最广泛,也是使用最多的一种。化学火箭按照使用燃料的性质又可以分为固体火箭和液体火箭。

⬆ 戈达德和他发明的火箭

➡ 现代的化学火箭

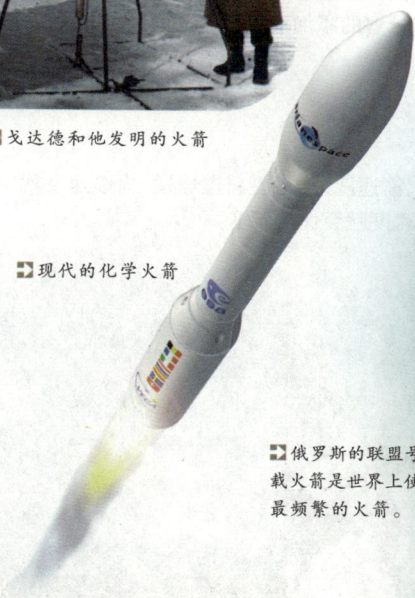

⬆ 俄罗斯的联盟号运载火箭是世界上使用最频繁的火箭。

运载火箭

　　运载火箭是一种运载工具,它负责把各种人造航天器送入预定轨道。它们一般都是多级火箭,有2级～4级。许多运载火箭的第一级外围捆绑有助推火箭,又称零级火箭。助推火箭可以是固体火箭,也可以是液体火箭,其数量可根据运载能力的需要来选择。

火箭的燃料

你在电视里看过火箭发射的情景吗？随着倒计时数字"10、9……3、2、1，发射"的播报，火箭就腾空而起。那么，你知道火箭升空主要依靠的是什么吗？火箭推进器中的燃料是关键的因素。

固体燃料

火箭的燃料分为固体燃料和液体燃料两种。固体火箭推进器的燃料由包含氧化剂和燃料的小球组成，小球中还包含了仿制燃料在推进器内被分解的添加剂。推进剂的装填方式决定了燃料的能量释放方式。

固体燃料的释放方式

科学家通过改变火箭中燃料的燃烧来控制火箭速度，如果燃料燃烧猛，火箭速度就增加；燃烧慢，火箭速度就会减少；如果燃烧比较平缓，火箭速度就会保持不变。

➡ 火箭通过尾部高速喷气排出质量以产生推力。

↑ 火箭与固体燃料助推器分离

液体火箭燃料

　　液体火箭燃料必须具有冰点低、沸点高、密度大、燃烧性能好等特点。目前，液体火箭的燃料主要有液氧、液氢、硝酸和碳氢化合物等。

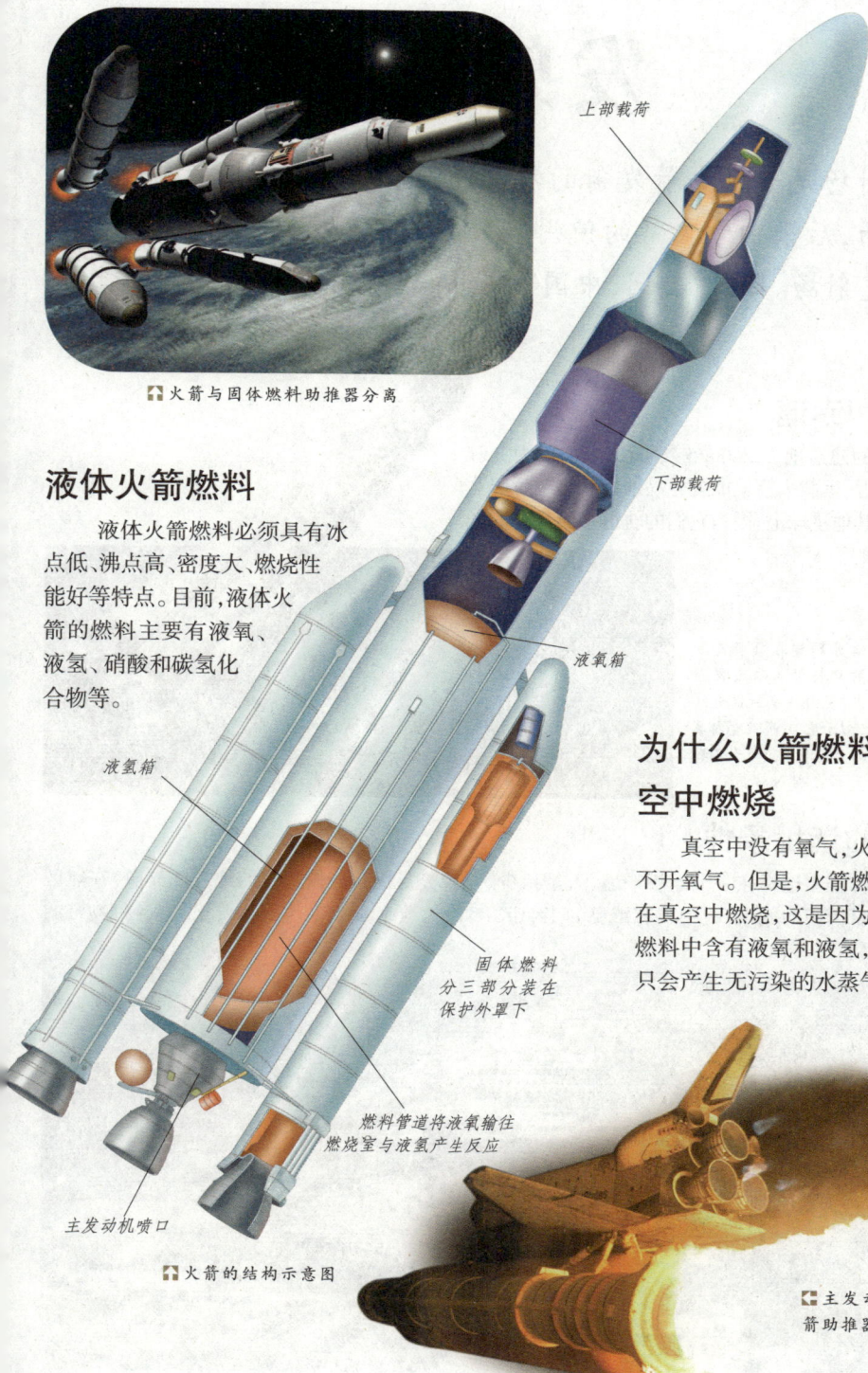

上部载荷

下部载荷

液氧箱

液氢箱

固体燃料分三部分装在保护外罩下

燃料管道将液氧输往燃烧室与液氢产生反应

主发动机喷口

↑ 火箭的结构示意图

为什么火箭燃料能在真空中燃烧

　　真空中没有氧气，火焰燃烧又离不开氧气。但是，火箭燃料依然可以在真空中燃烧，这是因为推进器里的燃料中含有液氧和液氢，它们燃烧后只会产生无污染的水蒸气。

← 主发动机和固体火箭助推器在工作。

发射场

发射场是专供火箭发射的特殊场所。火箭发射场的前身是导弹发射场，后来由于火箭的使用越来越频繁，也就渐渐出现了专门的火箭发射场。目前，美国、中国、法国等都拥有先进的火箭发射场。

发射场和赤道

发射场的建造地点最好能够靠近赤道。因为发射场离赤道越近，运载火箭就能更容易地把有效载荷送上静止轨道或其他星球上，因为它们的轨道平面几乎完全与地球赤道的平面重合。

前苏联建在哈萨克斯坦的拜科努尔航天发射中心，现由俄罗斯租用50年，由于它在苏联境内属低纬度地区，有利于各种航天器发射入轨。

发射场的选址条件

发射场首先要选择在一个地势平坦、人烟稀少、水源充足而且气候适宜的地方。其次，在航区内不要有人口稠密的城市，也不要有重要的工业区。此外，便利的交通也很重要，这对各种物资的运输非常有利。

美国戈达德航天中心

🔺 美国的肯尼迪航天中心是美国最大的航天发射器发射场，主要用于发射小轨道倾角的航天器。

肯尼迪航天中心

肯尼迪航天中心位于美国佛罗里达州，濒临大西洋，地理条件十分的优越。航天中心有 23 个发射阵地，其中最著名的是 39 号发射阵地，许多大型航天器都是从这里飞出地球的。美国第一颗人造卫星、第一架航天飞机都是从这里启程的。

🔺 意大利的圣马科发射场位于赤道附近的圣恩格瓦纳海湾是一座海上

我国的航天发射中心

我国有三座航天发射中心，分别为酒泉发射中心、西昌卫星发射中心和太原卫星发射中心。酒泉发射中心是中国建立最早、试验最多的火箭发射场，被誉为中国航天第一城，它承担各种用途的近地轨道卫星和载人飞船的发射任务。

著名的火箭型号

在火箭的发展过程中，有一些非常著名的火箭型号，为人类宇航事业的发展作出了巨大的贡献，现在来看看这些功劳卓著的大家伙吧。

"联盟"号运载火箭

"东方"号运载火箭

"东方"号运载火箭是世界上第一种载人运载火箭，它将世界上第一个"太空人"尤里·加加林送上了地球轨道飞行，并安全返回地面。"东方"号运载火箭也因此被永载史册。

"联盟"号运载火箭

从 20 世纪 50 年代开始，苏联陆续研制了"东方"号系列、"联盟"号系列、"能源"号等十几种运载火箭。其中使用最频繁的要数"联盟"号系列运载火箭了。

"能源"号运载火箭

"德尔塔"系列运载火箭

  美国的"德尔塔"系列运载火箭是世界上成员最多的运载火箭系列,其发射次数居美国各型火箭之首;同时,世界第一颗地球同步轨道卫星也是由它发射升空的。

➡ "德尔塔"Ⅱ运载火箭

⬅ "土星"5号运载火箭

"土星"系列运载火箭

  "土星"系列运载火箭是美国国家航空航天局专为"阿波罗"登月计划研制的大型液体运载火箭,其中最有名的是"土星"5号运载火箭。

"长征一号"运载火箭

  1970年4月24日,我国的"长征一号"运载火箭诞生,首次发射"东方红一号"卫星成功。从此,中国航天技术迈出了重要的一步。现在,"长征"系列火箭已经走向世界,在国际火箭发射领域占有重要一席。

各种航天器

有时候，我们会在星空中看到一颗星星从东向西，或是从南向北，慢慢地划过天空，那实际上是我们人类制造的器具，叫作航天器。

牛顿的假设

牛顿曾经设想将一块石头向空中抛出，如果石头抛出的速度够快，那么石头就会在自身速度和地球引力的作用下绕着地球转，这块石头就是对地球同步卫星最早的假设。

人造卫星

人造地球卫星简称人造卫星，它是无人航天的一种，也是发射数量最多、用途最广、发展最快的航天器。

↑ 牛顿

➡ 人造卫星

航天飞机

航天飞机是一种垂直起飞、水平降落的载人航天器，它以火箭发动机为动力发射到太空，能在轨道上运行，且可以往返于地球表面和近地轨道之间。

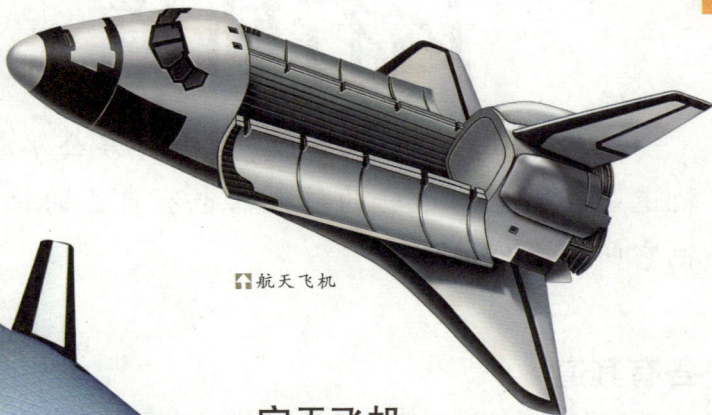

↑航天飞机

空天飞机

空天飞机可以说是航天飞机的"升级版"，它不用借助火箭助推器就可以自行起飞，另外它还可以在大气层中飞行，具备很多航天飞机所没有的特点。而且，空天飞机不需要专门的发射场，一般的大型机场就可供它起落。

↑美国研制的空天飞机

宇宙飞船

宇宙飞船是比较常见的一种航天工具，具有体积小、重量轻的特点，它主要的任务就是接送太空中的工作人员，以及给空间站、月球基地等供应物资。

↑前苏联的联盟号宇宙飞船

轨道空间站

人类是否可以在宇宙里生活？答案是——可以。因为我们有了轨道空间站，它就像一个大的宇宙旅馆，运行在固定的轨道上，宇航员可以在这里生活和进行科学研究。

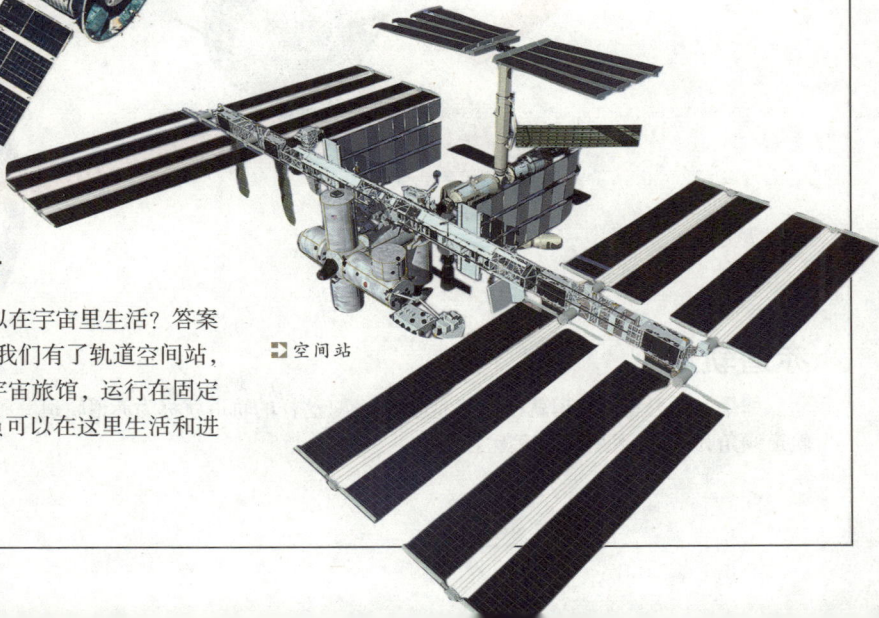

↑空间站

运行轨道

汽车可以在公路上行驶，这个时候公路就是它的轨道。在太空中运转的航天器也有自己的轨道，我们把它叫做太空轨道。

各有其道

根据卫星的功能不同，它们的轨道也不同。通信卫星占用的是地球同步轨道；而气象卫星占用着极地轨道；探测卫星使用近地轨道。但是不论什么轨道，稳定安全都是首要考虑的问题。

逆行轨道

赤道轨道

赤道轨道有无数条，但其中的地球静止轨道具有特殊的重要地位。通信、气象、广播、电视、预警等都采用地球静止轨道。

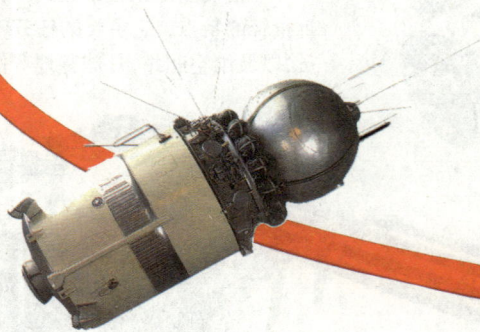

赤道轨道

如果一颗卫星的轨道就在地球赤道的上空，这样的轨道就称为赤道轨道。赤道轨道的特点是轨道倾角为 0 度，卫星在赤道上空运行。

顺行轨道

顺行轨道的特点是轨道倾角，也就是轨道平面和赤道平面夹角小于 90 度，而且绝大多数离地球较近，所以又叫做近地轨道。我国"长征一号""风暴一号"和"长征二号"发射的都是顺行轨道。

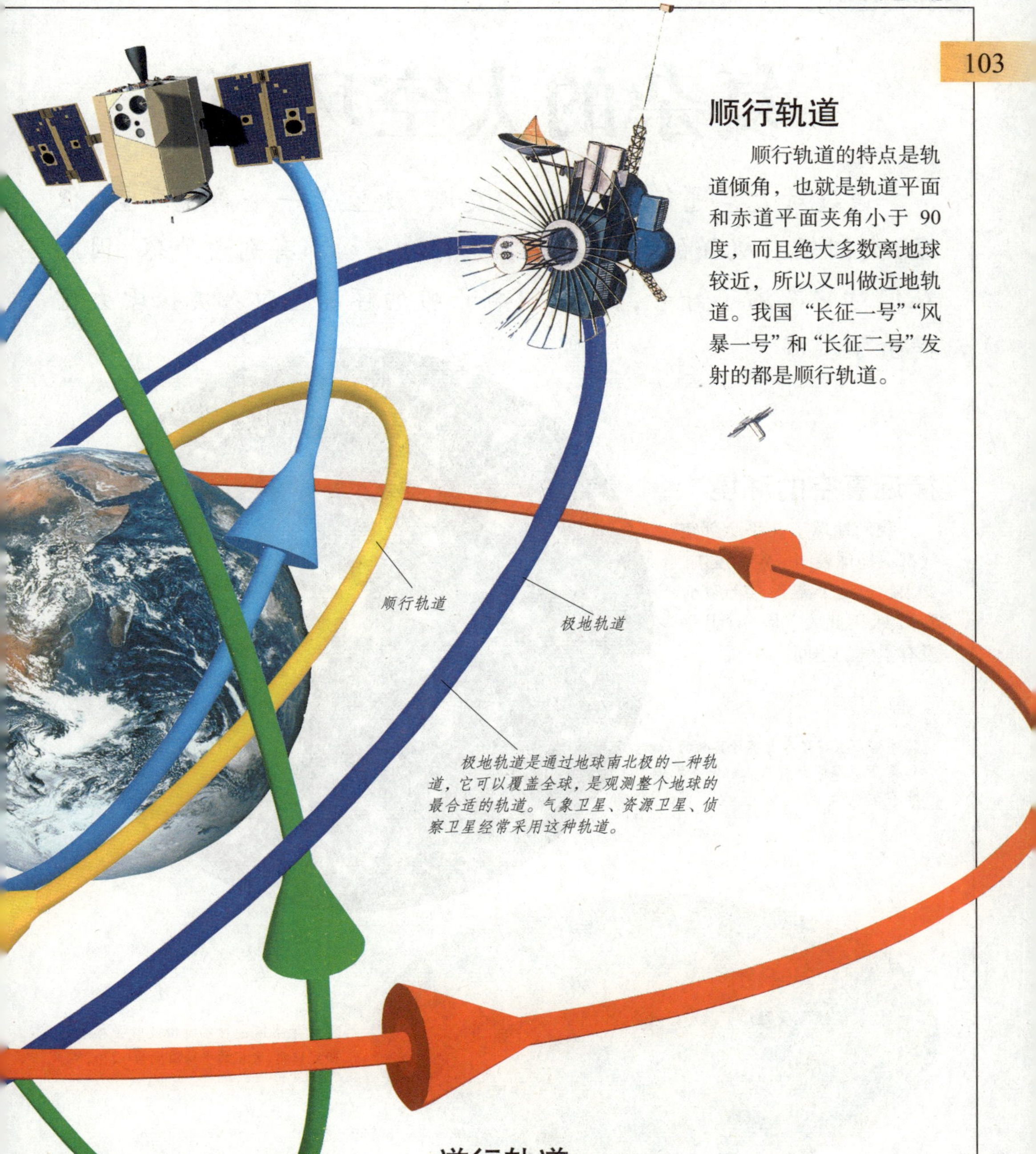

顺行轨道

极地轨道

极地轨道是通过地球南北极的一种轨道，它可以覆盖全球，是观测整个地球的最合适的轨道。气象卫星、资源卫星、侦察卫星经常采用这种轨道。

逆行轨道

有的时候我们需要卫星的轨道总是面向太阳，这个时候，卫星的运转方向和地球的自转方向相反，这就称为逆行轨道。

复杂的太空环境

通过对太空进行考察，人们发现，太空是一个高度真空、低温、太阳辐射极强的空间。这个空间的一切都有别于地球，因此人们对它充满了好奇，但是，这样严峻的环境也对人类探索太空提出了挑战。

接近真空的环境

我们地球上几乎全部空气都在地球表面一定高度内，如果超过这个高度，空气就非常稀少，因此太空是一个几乎没有空气的空间。

➡宇宙中虽然充斥着不计其数的天体，但是宇宙空间如此之大，使其近似于超真空状态。

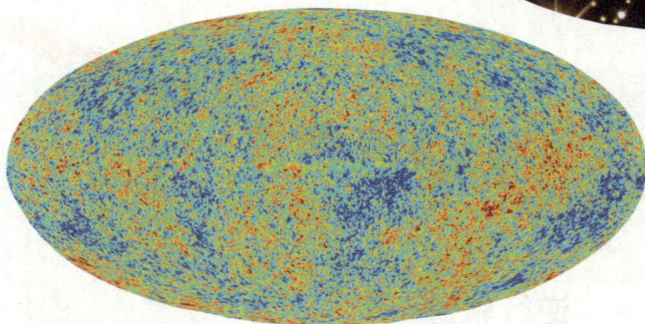

⬅科学家通过对宇宙微波背景辐射的研究证明，太空的平均温度为−270.3℃。

太空有温度吗

其实太空本身并没有温度，它所表现出来的只是在太空中物体的温度。通过对宇宙微波背景辐射的研究证明，太空的平均温度为−270.3℃。

失重的空间

　　在太空中，人类会处于一种微重力的环境中，可以体验到失重的感觉。这也许是小朋友最想体验的感觉了。在失重状态下，即使把一个铅球放在水面上，它也不会下沉。

⬆在太空失重环境下，水果飘了起来。

➡在太空失重环境下，宇航员可以以各种姿势入睡，甚至倒立着睡。

太阳辐射

　　在太空中还有我们肉眼看不见的各种辐射，比如紫外线和带电粒子，这些辐射大多来自太阳，因此称为太阳辐射。

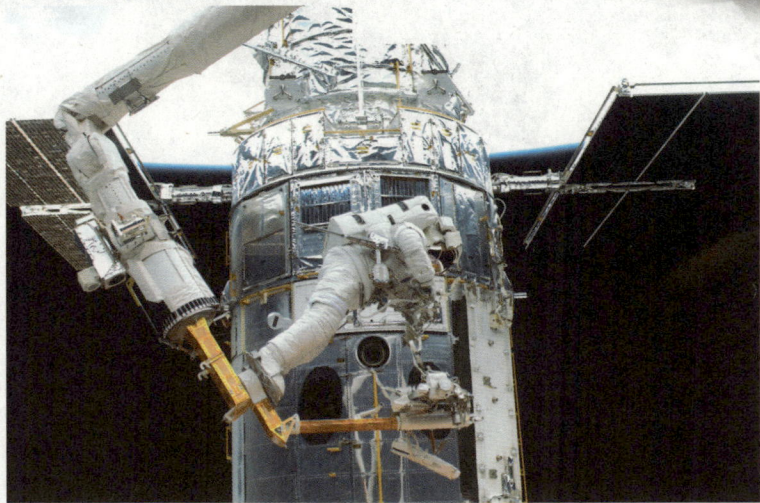

⬅宇航员出舱工作必需穿上厚厚的宇航服，这样可以保护宇航员免受太空中各种辐射的伤害。

"哈勃"太空望远镜

　　"哈勃"太空望远镜是有史以来最大、最精确的天文望远镜，其清晰度是地面天文望远镜的 10 倍以上。"哈勃"太空望远镜的诞生使 20 世纪天文学的观测手段更加先进，从此，天文学进入了一个全新的领域。

哈勃的伟大发现

　　埃得温·哈勃是研究现代宇宙理论最著名的人物之一，他发现了银河系外星系的存在及宇宙不断膨胀，成为银河外天文学的奠基人和提供宇宙膨胀实例证据的第一人。从此，一门新科学——观测宇宙学诞生了。

🔼美国天文宇家天文学家爱德温·哈勃

"哈勃"望远镜的命名

　　为了纪念哈勃在天文学上做出的重大贡献，美国将一架太空望远镜命名为"哈勃"太空望远镜，并于 1990 年 4 月 24 日把它送入了高空轨道。"哈勃"太空望远镜使人类的观测距离达到 140 亿光年，也就是可以观测到宇宙中 140 亿年前发出的光。

贡献多多

　　"哈勃"太空望远镜是天文史上最重要的仪器之一。它填补了地面观测的缺口，使人们对天文物理有了更多的认识；它提供的高解析光谱和影像证实了黑洞存在于星系核中的学说；它也被用来研究太阳系外围的天体，包括矮行星冥王星等。

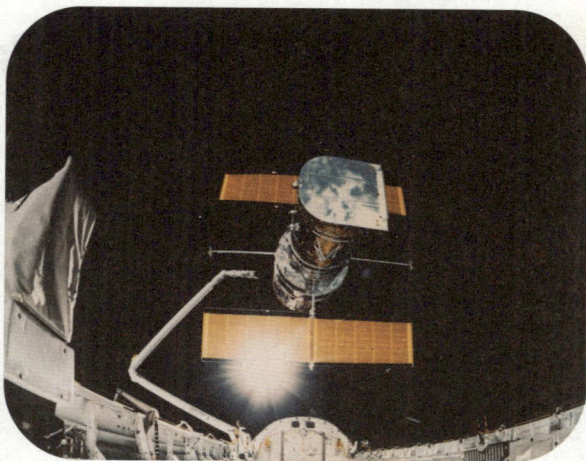

⬆ 1990 年 4 月 24 日，"发现"号航天飞机将"哈勃"太空望远镜送上轨道。人类有了观察遥远宇宙的"火眼金睛"。

⬆ "哈勃"拍摄的 M16 鹰状星云

面临的问题

　　"哈勃"太空望远镜在太空的十几年中，经历四次大修。尽管每次大修以后，它都面貌一新，然而，大修仍掩盖不住它的"老态"。尽管人们仍对它恋恋不舍，但它所剩时日已不多，也许稍晚一些时候就会被淘汰。

⬆ 1997 年 2 月，"发现号"航天员对哈勃太空望远镜进行了第二次检修。

控制站

航天器在升上太空之后，会不会和地面失去联系呢？不用担心，有了地面控制站的帮忙，航天器不管怎么绕地球转，都可以和地面保持联系的。

测控通讯站

测控通讯站是负责通讯的场所，它包括陆上测试站、海上测试船和空中测试飞机。测试站一般都设置在发射场的附近和航天器飞行的关键地段。

测控通信中心的主要任务

测控通信中心的主要任务是进行指挥和控制，收集、处理、发送各种测量数据，保持与航天员的联系，监视航天器上的设备运转情况等。

🔼 休斯敦任务测控中心

休斯敦任务测控中心

休斯敦任务测控中心位于美国，它从1965年就开始承担载人航天飞行的监控任务。发展到今天，它已经成为全世界最著名的地面控制站之一。

🔼 测控站地面接收天线

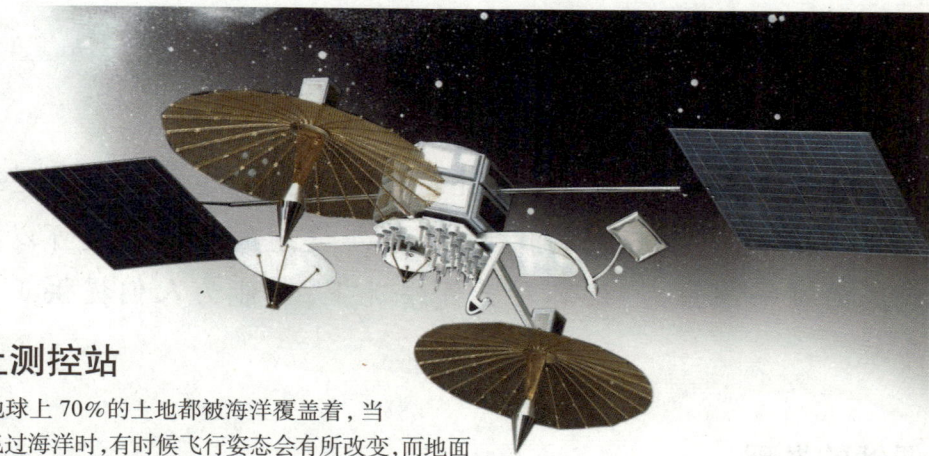

海上测控站

地球上 70%的土地都被海洋覆盖着，当卫星飞过海洋时，有时候飞行姿态会有所改变，而地面观测站不一定能对卫星进行全方位的观测。于是，人们在海上建立了测控站。

先进的设备

海上测控站的外观看起来就像一艘大轮船，船上具有先进的设备，比如探测可见光的海水扫描仪、测量风速和风向的微波散射计、能观察海水特征的雷达等。

巨大的作用

海上测控站主要负责各种航天器的海上跟踪和测量工作，这样就可以及时获取卫星传递回来的数据。一般来说，海上测控站会把接收到的卫星数据传送到陆地指挥中心，它起到不可缺少的信息中转作用。

导航卫星

　　导航卫星是专门用来导航的人造卫星。这种利用卫星进行导航的技术，具有极大的优越性。卫星发射的无线电波可以抵达地球的每一个角落，在各种天气情况下，都能为人们提供正确的导航。

偶然的发现

　　1958年初，美国科学家在跟踪第一颗人造地球卫星时，无意中发现卫星飞近地面接收机时，收到的无线电信号频率逐渐升高；卫星远离后，频率就变低。这一有趣的发现，揭开了人类利用导航卫星的新纪元。

GPS导航卫星

导航卫星的工作

导航卫星同时接收 3 颗卫星的导航信号，就能分别求出用户到 3 颗卫星的距离。再以每颗卫星为圆心，以卫星到用户的距离为半径作圆球，3 个球体的交点就是用户所在的位置。

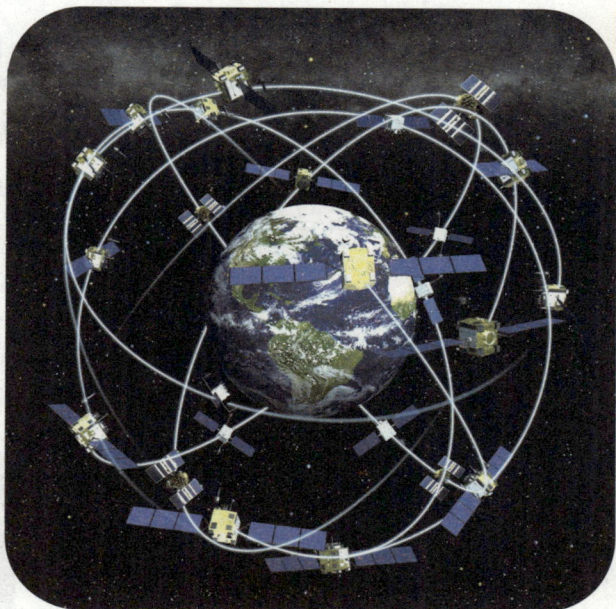
➡ GPS 全球定位系统

⬆ GPS 是警方跟踪的利器

GPS 全球定位系统

GPS 是全球定位系统的英文缩写，是美国组建的军民两用卫星导航系统。它运用至少有 3 颗人造卫星，在极短的时间里就可以确定地球上某个目标精确的地理位置，在汽车、轮船和飞机的导航等方面都起着举足轻重的作用。

"北斗"卫星导航系统

"北斗"导航卫星系统是中国第一代卫星导航定位通讯系统。它可以在任何时间、任何地点，为用户确定所在地理经纬度，可以全天候、全天时地提供卫星导航信息服务，被广泛应用于航天、铁路、海洋、气象等各个领域。

⬅ 导航卫星可以帮助野外的游人辨别方向。

通信卫星

　　通信卫星是世界上应用最早、应用最广的卫星之一。通信卫星通常采用地球同步静止轨道，可覆盖地球表面的面积非常大。有三颗这样的卫星就可以将地球表面的绝大部分覆盖，就能够实现全球范围内的通信了。

第一颗通信卫星

　　1965年4月6日，美国成功发射了一颗命名为"晨鸟"号的通信卫星。同年6月就正式用于北美与欧洲间的国际商用通信，这颗卫星后来改称为"国际通信卫星"1号，至今这种卫星已发展了6代。

◄ 卫星可以实现全球通信

通信卫星的作用

　　利用通信卫星，人们可以拨打国际电话、拍发国际电报、转播电视、进行数据传输，实现全球个人移动通信。通信卫星可组成空间网络，与地面连通后，就能构成天地一体化的全球信息高速公路。

移动通信卫星系统

移动通信卫星系统的通信对象是正在移动的目标,例如空中飞行的飞机、陆地上行使的车辆以及海上航行的船舶等。为了使移动的目标能够接收到足够强的信号,移动通信卫星系统的卫星一般都在低轨道上运行。

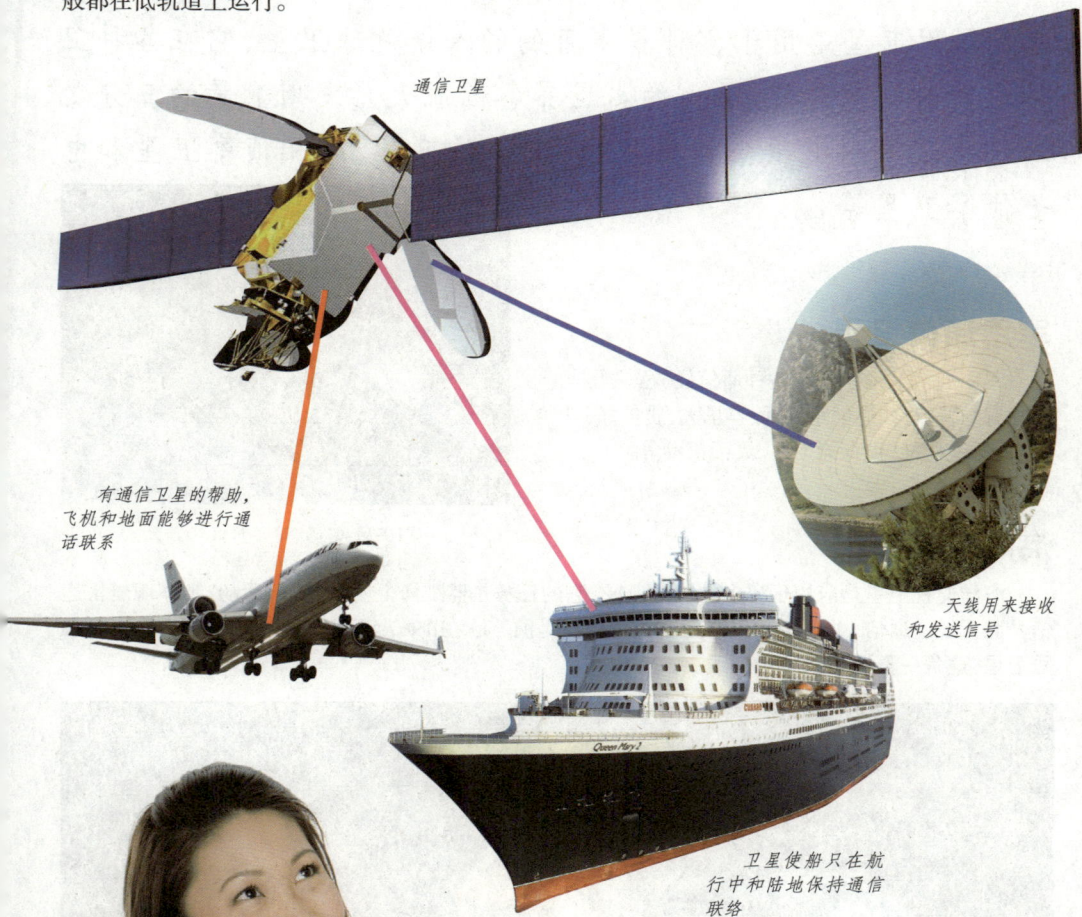

通信卫星

有通信卫星的帮助,飞机和地面能够进行通话联系

天线用来接收和发送信号

卫星使船只在航行中和陆地保持通信联络

◀ 通信卫星使人们的沟通更为方便。

通信卫星的特点

通信卫星不受地理条件的限制,而且通讯容量大。卫星通信采用数字方式,由于电话、图像、电视等形式的信息都可以数字化,因此可采用统一的卫星数字通讯网。这样不仅能改善传输的质量,而且可使通讯效率大大提高。

军用卫星

军用卫星是用于各种军事目的的人造地球卫星,它在各种卫星中发射数量是最多的,约占世界各国航天器发射数量的三分之二以上。军用卫星分为很多种,有通信卫星、照相侦察卫星和电子侦察卫星等。

军用通信卫星

军用通信卫星担负着各种通信任务。它具有自己独有的特点,如通信距离远、容量大、质量好、可靠性高、保密性强、生存能力好、灵活机动等。

↑英国的"天网"军用通信卫星

海洋监视卫星

海洋监视卫星是应用于海上的侦察卫星,它的任务是监视海上船只、潜艇活动,侦察舰艇雷达信号和无线电通信。世界上第一颗海洋监视卫星是前苏联在 1967 年 12 月 27 日发射的"宇宙"198 号卫星,这是一颗试验卫星。

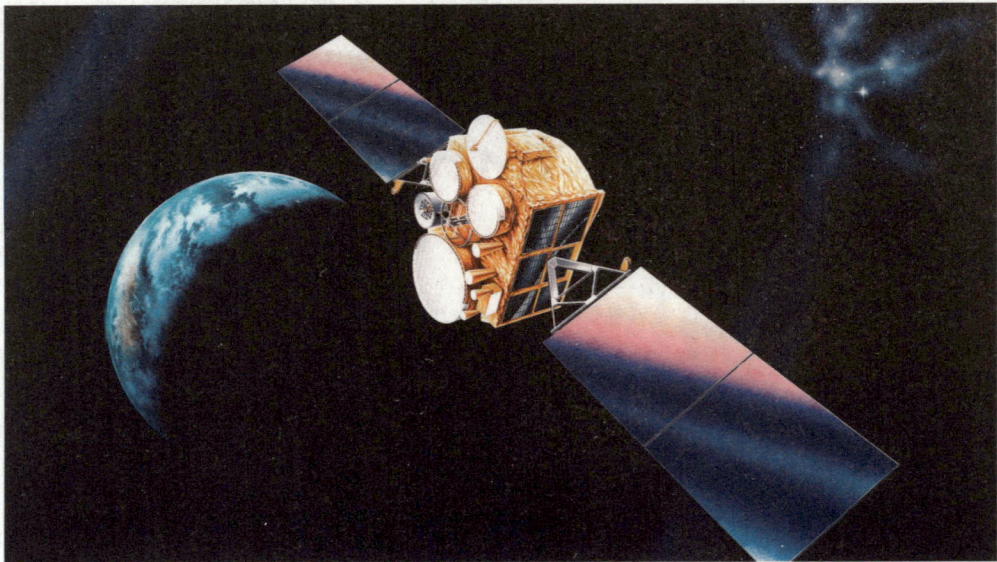
↑美国国防部通信卫星

电子侦察卫星

电子侦察卫星装有电子侦察设备，可以侦察雷达和其他无线电设备的位置与特性，截收对方遥测和通信等机密信息。在现代战争中，电子侦察卫星已成为获得情报不可缺少的手段。

照相侦察卫星

照相侦察卫星是装有光学成像的空间遥感设备的人造地球卫星，它可以通过照相帮助人们进行侦察，获取军事情报。常用的遥感设备有可见光照相机、电视摄像机、红外照相机和微波遥感设备等。

⬆ 预警卫星也是一种侦察卫星。

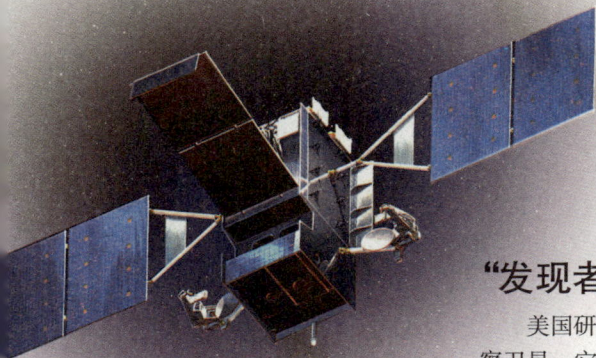

⬆ 天基红外系统预警卫星

"发现者"号卫星

美国研制的"发现者"1号卫星是世界上第一颗照相侦察卫星，它于1959年2月28日发射成功。1960年8月10日，美国发射了"发现者"13号试验侦察卫星。第二天，它弹射出一个装有照相胶卷的密封舱，在海上被成功回收。这是人类从太空收回的第一卷照相胶卷。

宇宙飞船

说到宇宙飞船，小朋友一定不会陌生，科幻电影里的外星人都是搭乘宇宙飞船来到地球的。宇宙飞船可以自由地在太空中飞行，费用又比航天飞机低得多，所以人们给它取了一个名字叫"太空巴士"。

"东方"1号宇宙飞船

1961年4月12日，苏联的"东方"1号宇宙飞船承载着第一位宇航员飞入太空。这艘宇宙飞船重6.17吨，长7.35米。它从拜科努尔发射场起航，打开了人类通往太空的道路。

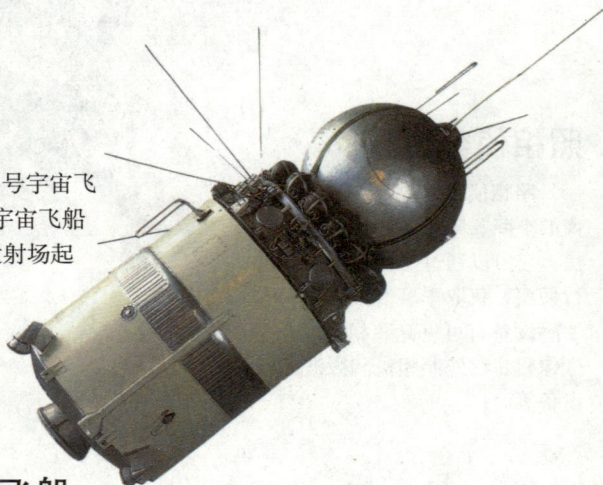

"水星"号飞船

"水星"号飞船是美国第一个载人飞船系列，从1961~1963年共发射6艘。"水星"号飞船的主要任务是试验飞船各种工程系统的性能，考察失重环境对人体的影响等。

"上升"号宇宙飞船

"上升"号宇宙飞船重5.32吨，球形乘员舱直径与"东方"号飞船大体相同，改进之处是提高了舱体的密封性和可靠性。宇航员在座舱内可以不穿宇航服，返回时不再采用弹射方式，而是随乘员舱一起软着陆。"上升"1号载3名宇航员，在太空飞行24小时17分钟；"上升"2号载两名宇航员，在太空飞行26小时2分钟。

"双子星座"号宇宙飞船

1965 年 12 月 4 日,国际标准时间 19 点 30 分,美国在肯尼迪角用"大力神 II"式火箭发射了"双子星座"7 号卫星式宇宙飞船。宇宙飞船上有两名宇航员:博尔曼和洛弗尔。

▲"双子星座"七号宇宙飞船

◀ 美国的阿波罗号宇宙飞船先后 6 次将 12 名航天员送上月球。

"神舟一号"

1999 年 11 月 20 日,中国第一艘宇宙飞船——"神舟一号"在酒泉卫星发射中心发射升空。它在太空中共飞行了 21 个小时,标志着中国航天事业迈上了一个新台阶。

▲"神舟"号宇宙飞船

"神舟七号"

"神舟七号"是中国第三个载人航天飞船,它于 2008 年 9 月 24 日在酒泉卫星发射中心成功发射。"神舟七号"飞船载有 3 名宇航员,分别是翟志刚、刘伯明和景海鹏。

航天员

　　航天员是专门在太空中工作的人员,主要负责各种航天器的驾驶、维修和管理,以及在航天过程中的生产、科研和军事等工作。太空中环境恶劣,所以对于宇航员的身体和心理素质都有着很高的要求。

航天员的体能训练

　　除常规训练外,职业的航天员一般要经过 3 年~ 4 年的特殊训练。其中体能训练是很必要的,主要是通过一些体育项目的训练,如游泳、球类等,目的是提高宇航员的身体素质、运动协调性和情绪的稳定性等。

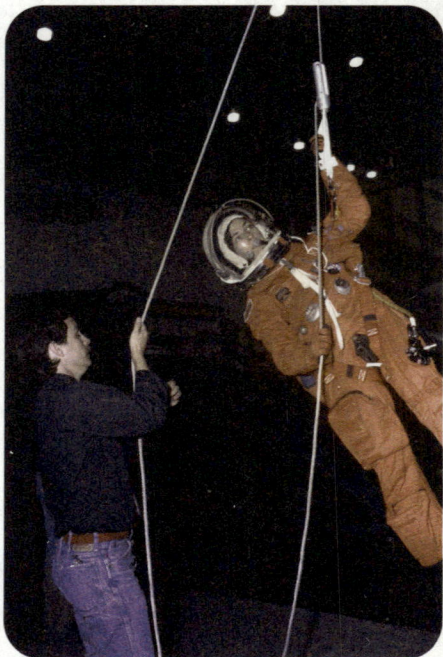

🔼 宇航员在进行失重训练

航天员应具备的素质

　　要想成为一名合格的航天员,必须经过心理训练、飞行训练、任务训练、生存训练等宇航员所必须经历的训练。此外,航天员还应具备坚韧的意志,以完成各种挑战。所以说,航天员的工作虽然充满了新奇和刺激,但并不轻松自在。

🔼 航天员身着航天服进行突发性事件逃逸训练

航天员在模拟航天器环境中进习操作训练

训练设备

航天员训练的主要设备有计算机辅助训练器、各系统训练器、飞行训练模拟器、实体训练模拟器、人用离心机和中性浮力水池等。其中人用离心机主要对宇航员进行超重耐力训练，中性浮力水池进行的主要是模拟环境训练。

美国的杰瑞·L·罗斯是一位老宇航员，他的飞行次数累计达到了7次，是世界上飞天次数最多的宇航员。

杰出的航天员

在人类的航天史上，很多宇航员作出了卓越的贡献。他们在太空中留下了人类的足迹，为人类的航空事业立下了座座丰碑。其中，苏联的加加林、美国的阿姆斯特朗、杰瑞·L·罗斯等都是非常杰出的航天员。

美国的宇航员阿姆斯朗（左一）带领他的组员完成了人类的第一次登月任务。

宇航服

太空的"脾气"可不像我们的地球那么温顺，一会儿冷到可以瞬间冻结皮肤，一会儿又热到能灼伤皮肤。面对这样恶劣的环境，宇航员必须拥有一套保护服才能生存，宇航服就应运而生了。

天线

观察窗口

充氧系统

氧清除系统输送带

伴随式辅助生保系统

压力表罩

尿收集及输送连接器/生物医学注射/剂量附带口盖

携带式生保系统遥控装置输送带

携带式生保系统输水管

氧输送管出口

压力安全阀

出舱用手套

宇航服结构

生命的保护层——宇航服

宇航服主要分为5层：内衣层、调温层、加压层、约束层和保护层。事实上真正的宇航服还不止这几层，像美国的宇航服多达15层，另外还要加上1个背包。

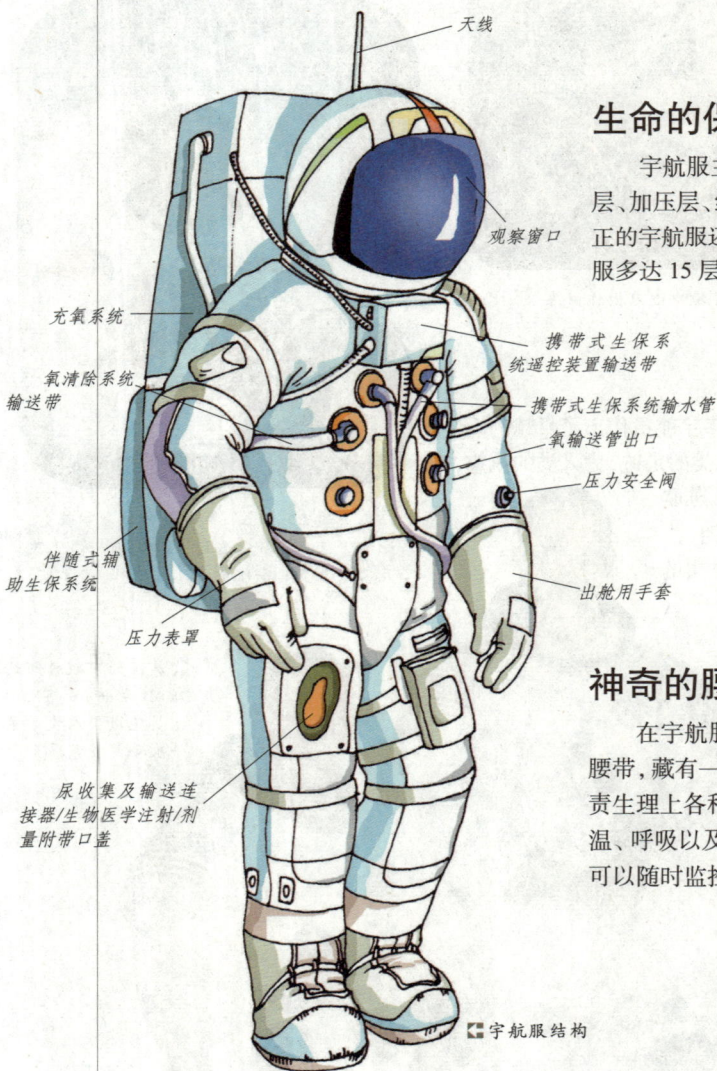

神奇的腰带

在宇航服的内衣层中有一条神奇的腰带，藏有一套复杂的微型监测系统，负责生理上各种数据的记录，包括心率、体温、呼吸以及太空服内部的温度等数据，可以随时监控宇航员。

太空防弹衣

宇航服的最外面一层由高强度纤维制成,好像一件超级防弹衣,能够防御像子弹一样飞来的微小陨石的攻击,同时还能吸收宇宙射线的能量。

↑世界上第一批宇航员身着镀银的舱内航天服

不同的宇航服

在航天飞机发射前,宇航员要穿上橙色的"发射再入宇航服";安全进入太空以后,宇航员就可以换上比较舒服的衣服了;当宇航员执行舱外任务时,要穿上专门为真空环境设计的舱外宇航服。

↑在航天飞机上升段和返回段飞行中,一旦发生意外事件,航天服为航天员提供生存环境。

↑舱外航天服

太空中的生活

太空舱是宇航员在太空中工作、生活的地方。在失重的状态下，要保证宇航员正常的工作和休息，所以，太空舱内的饮食、睡眠都是经过特殊设计的。此外，舱内还有医疗保健和运动健身设施，为宇航员提供了安全、周到的服务。

氧气供应

氧气是人类生存所必需的。在太空舱内，一般采用消耗式或再生式两种供氧方式。短期载人航天器多采用消耗式供氧，就是用高压气罐存储纯氧，气体经减压后输入座舱。长期载人航天器采用再生式供氧，即先将宇航员使用过的废水处理成净水，再用电解的方法生产氧气。

国际空间站内的电子氧气生成系统。它的原理是通过电解水产生氧气。

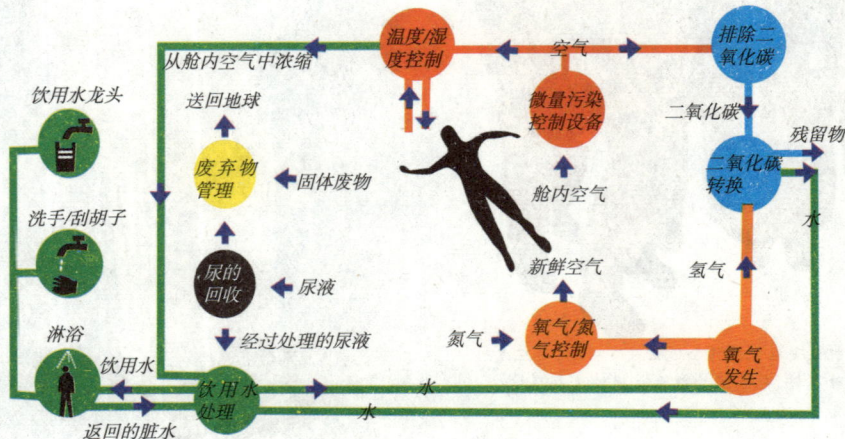
太空中水的再利用

太空食品

在失重情况下,为了防止食物在食用过程中产生碎屑污染舱内环境,所以对太空食品进行了特殊的设计。早期,人们发明了"牙膏式"食品,现代的太空食品种类很多,有复水食品、天然食品、热稳定食品等。

↑宇航员手持"牙膏式"食品

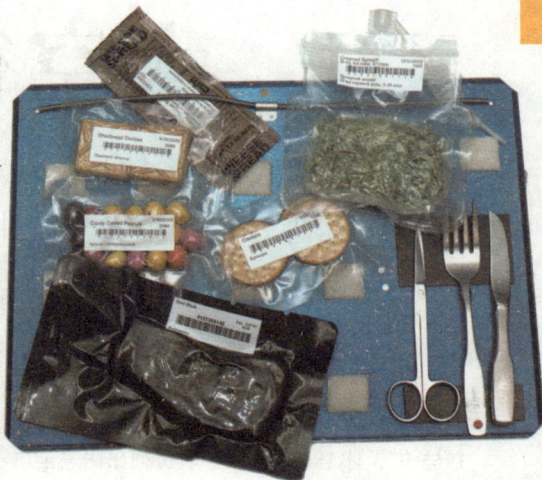
↑随着科学技术的发展,航天食品越来越丰富了。

在太空舱中睡觉

因为没有地心引力,宇航员在睡眠过程中就会飘忽不定,很不踏实。为此,太空舱内的睡袋安装了特殊的束缚装置,可以将宇航员的身体、头部与支撑垫和枕头贴紧,让宇航员有类似于在地球上睡觉的感觉。此外,在睡觉时还要戴上眼罩,以防止光线干扰。

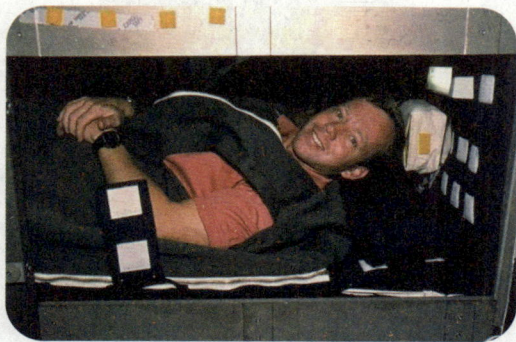
↑宇航员进入睡袋,准备休息

卫生保健

科学家们经过缜密的思考,用抽吸泵解决了太空舱内上厕所和洗澡的问题。科学家们在载人航天器上安装了专门针对宇航员的医学监测设备,以便了解宇航员的身体状况。此外,舱内还有专门的药箱,里面配备了各种常用药。

↑载人航天器为航天员提供了特殊的洗澡方式。

太空行走

　　对太空的探索是永无止境的，人类在乘坐各种航天器在太空中飞行后，就想尝试一下在太空中行走是什么感觉。最终，几位勇敢的宇航员走出了航天器的舱门，实现了太空行走的愿望。

人类在太空的第一步

　　1965 年 3 月 18 日，苏联宇航员列昂诺夫走出了航天器。他在太空中度过了大约 24 分钟，其中有几次离开飞船距离达到 5 米，完成了人类首次出舱活动任务。

↑ 阿列克谢·阿尔希波维奇·列昂诺夫

在机械臂的辅助下，航天员进行舱外活动

出舱前的准备

　　在出舱前，宇航员必须先吸一段时间氧气，将体内的氮气排出。此外，一定要带上喷气背包和通信背包，以便在失重状态下调节自己的行动方向以及和舱内保持联系。

行走太空次数最多的人

俄罗斯宇航员索洛维耶夫是太空行走次数最多的宇航员。到目前为止，他已累计出舱 17 次，太空行走了 80 多个小时。

⬆ 太空中的沃斯

行走时间最长的人

美国宇航员赫尔姆斯和沃斯，在 2001 年 3 月 11 日创下了在太空中单次行走时间最长的纪录，他们在太空中行走了 8 小时 56 分钟。

⬆ 美国宇航员赫尔姆斯（左）
和沃斯（右）

宇宙飞船的组合

当两艘宇宙飞船同时在太空中飞行时，有时候，宇航员会从一艘宇宙飞船爬到另一艘宇宙飞船里，这是真的吗？千真万确，下面就让我们看看宇航员是如何做到的吧。

第一次组合

1969 年 1 月 16 日，苏联的"联盟"5 号飞船和"联盟"4 号飞船成功地组合在一起，并使宇航员成功地从一艘飞船进入另一艘飞船。

▶ "联盟"5 号飞船和"联盟"4 号飞船对接模型

对接口

对接口是一艘宇宙飞船和另一艘宇宙飞船对接时必备的设施，从这里，宇航员可以经过闸门，进入另外一个航天器里。

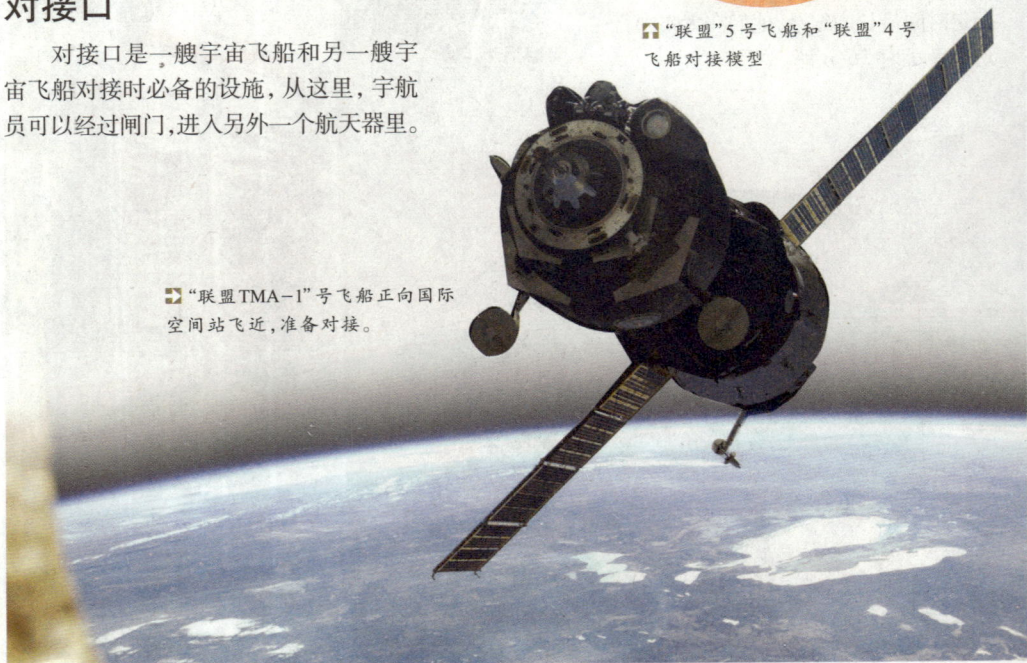

▶ "联盟 TMA-1"号飞船正向国际空间站飞近，准备对接。

↑ 1975 年 7 月 15 日，美国的阿波罗号宇宙飞船与前苏联的联盟 19 号宇宙飞船成功在太空实现对接。

复杂的过程

宇宙飞船组合技术十分复杂，即使第一次对接成功，也不能够保证以后都会成功。在对接过程中，有一个环节出现失误，都将影响到对接的成败。

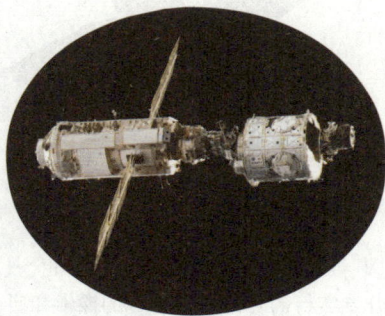

↑ 美国团结号节点舱与俄罗斯曙光号货舱对接

"联盟" 11 号和"礼炮" 1 号的组合

"联盟" 11 号飞船和"礼炮" 1 号飞船成功组合后，进入太空站中，3 名宇航员在这里工作了 22 天，进行了一系列的实验和测试。

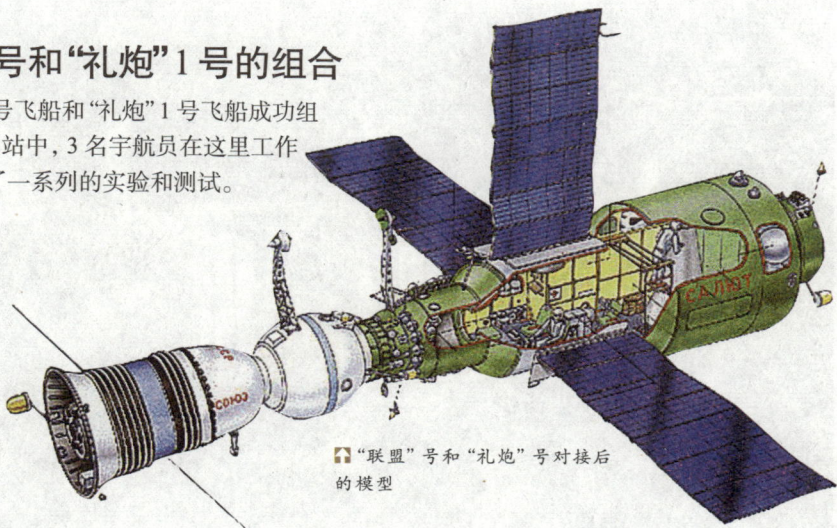

↑ "联盟"号和"礼炮"号对接后的模型

太空中的基地

　　为了能够更好地了解和研究太空，人类在太空中建立起了一座座"新居所"，这就是太空站。它就像是研究人员在太空中的家，也像是太空中的驿站，拉近了人类与远处天体的距离，为人类研究太空提供了极大的帮助。

太空站的组成

　　作为宇航员在太空中工作和生活的地方，太空站一般都有数百立方米的空间。具体划分为很多不同的区域，有过渡舱、对接舱、工作舱、服务舱和生活舱等。一个太空站通常有数十吨重，由直径不同的几段圆筒串联而成。

➡ 礼炮7号空间站

国际太空站

　　国际太空站是一个国际大合作的项目，参与的国家有美国、俄罗斯、日本、加拿大、巴西和欧洲航天局的 11 个成员国共 16 个国家。这个计划是在 1983 年开始实行的，经过了 10 年的探索和研究，在 1993 年完成了最终设计。

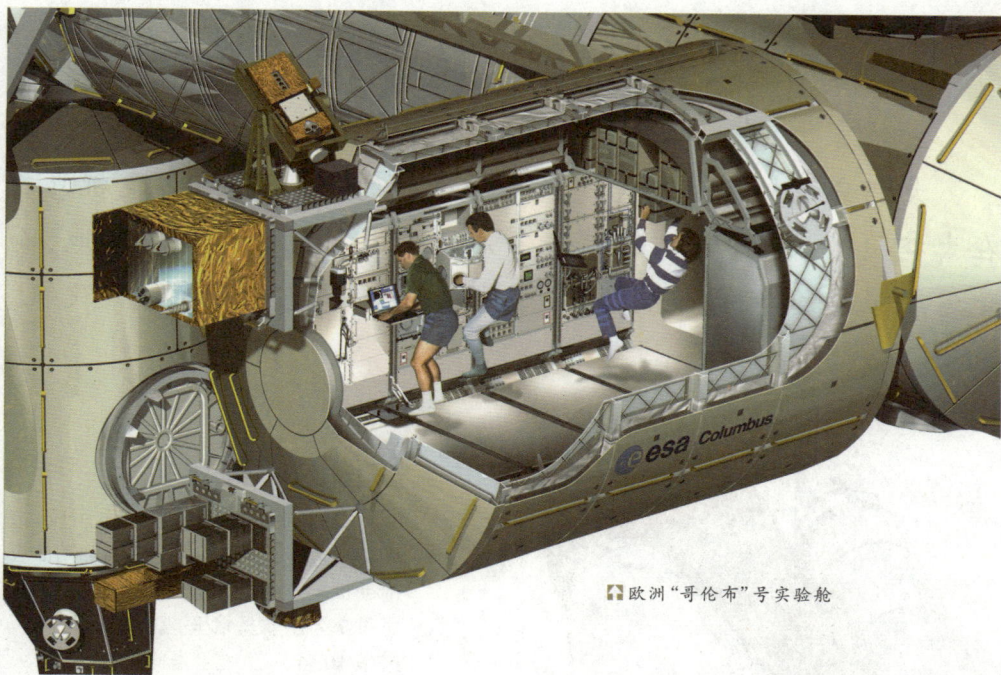

↑ 欧洲"哥伦布"号实验舱

太空实验室

太空实验室是在太空中进行短期实验的地方,主要由实验舱、U形平台、供应管道、通道等组成,一般可承载 2 ~ 3 名宇航员共同工作。太空实验室只携带各种太空实验仪器和设备,没有自主飞行能力,要依附于航天飞机。

著名的太空站

在空间站的研究和开发中,俄罗斯可谓一马当先。在太空中"放响"了"礼炮",又再次将"和平"的信号送了上去。"礼炮"号和"和平"号空间站,是人类航天史上最著名的两大空间站,为航天事业的发展做出了不可磨灭的贡献。

↑ "和平"号空间站

航天飞机

大部分飞机都是在大气层里面飞行的,但是有一种飞机喜欢在太空飞行。这种飞机的工作不是运输游客往来于世界各地,而是运载探索太空的宇航员往来于地面和太空,它们就是航天飞机。

飞行舱

美国的航天飞机

美国航天飞机由三大部分组成,分别是轨道飞行器、外挂燃料箱和固体火箭助推器。这个长五十多米的飞机一次可供 7 名宇航员乘坐,紧急状态下可以乘坐 10 名。

有效载荷舱门在轨道飞行器进入近地轨道后,被打开,防止过热

垂直尾翼阻力板

向后伸的尾翼在太空中没作用,但能帮助机体着陆

飞行舱

飞行舱既是驾驶轨道器的地方,也是使用机械手臂对有效荷载进行操作的地方。飞行舱内有四个座椅,可以乘坐指令长和驾驶员等 4 名航天员,还有众多的飞行仪器表和控制装置。

用来装载货物的货舱

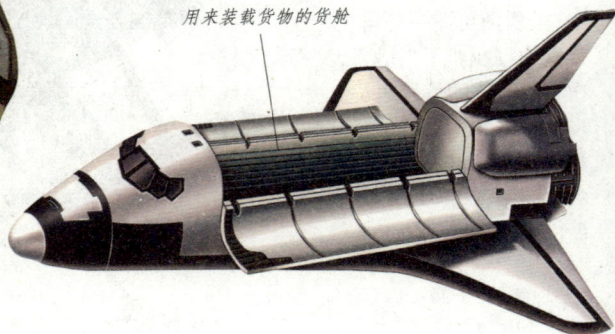

三个主发动机

"哥伦比亚"号

美国"哥伦比亚"号航天飞机是第一架成功实现近地轨道飞行的航天飞机。不幸的是,"哥伦比亚"号在 2003 年 2 月 1 日执行任务时,发生了爆炸,机组成员全部遇难。

➡ "哥伦比亚"号航天飞机

➡ "发现"号航天飞机是美国国家航空航天局继"哥伦比亚"号和"挑战者"号后的第三架航天飞机。

"奋进"号

"奋进"号航天飞机是美国宇航局航天飞机家族中的最新成员,于 1991 年建造,它与"发现"号、"亚特兰蒂斯"号共同为美国的航天事业服务。

着陆场

　　因为航天器的着陆方式与起飞方式不同，所以航天器不能使用它们的发射器来进行着陆。那么，航天器是如何返回地球的呢？下面就让我们去认识一下着陆场吧。

在哪里着陆？

　　着陆场通常选择在地广人稀、地势平坦、交通便利的地方。此外，气候条件也很重要，不能选择在大风或者是雷雨天气着陆。

⬆ 返回途中的航天飞机

载人航天器的着陆场

　　载人航天器的着陆场一般都有两个，主着陆场和副着陆场。在主着陆场天气恶劣的情况下，副着陆场就可以发挥作用。此外，还有紧急着陆场做应急使用。

⬇ 航天飞机着陆

减速伞

卫星着陆场

卫星着陆场配备有雷达设备,可以跟踪卫星返回轨迹、接收卫星发出的无线电信息。卫星着陆场以直升机为主要工具进行搜索,卫星的回收工作则由地面车辆来完成。

➡ 雷达跟踪车

减速伞和减速网

航天飞机上设有着陆减速伞,可以缩短滑行距离。另外,在应急着陆场一般都设有减速网。航天飞机紧急降落后,撞在垂直设置的尼龙网上,能在约 300 米内停住,以确保安全。

➡ 美国的阿波罗号返回舱
着陆在海上

⬆ 返回舱降落在海上后,宇航员施放海水染色剂,等待救援。

➡ 救援船只
打捞返回舱

"阿波罗"工程

在人类探索月球的过程中,美国可谓一马当先,早在20世纪50年代,他们就开始研制最早的登月飞船了。最终,"阿波罗"系列登月飞船承载着人类的梦想登上了月球。

"水星"计划

"阿波罗"计划的第一步被命名为"水星"计划,目的是测试人在太空中的活动能力。1963年5月15日,"水星"1号载人发射成功,顺利完成任务。

1961年,美国总统肯尼迪发表了著名的月球宣言。即宣布要在20世纪60年代把美国宇航员送上月球。

"阿波罗"计划

在诸多的登月计划中,美国的"阿波罗"计划可以说是人类航天史上的一次壮举。这一计划从1961年开始到1972年结束,先后6次登月,将12名宇航员送上了月球并安全返回。

阿波罗17号宇航员开着月球车在月球上行进。

"阿波罗"飞船的组成

"阿波罗"飞船由指令舱、服务舱和登月舱三部分组成。其中，登月舱由上升段和下降段两级组成。当登月任务完成后，上升段被送回月球轨道与指令舱会合，而下降段则留在月球上。

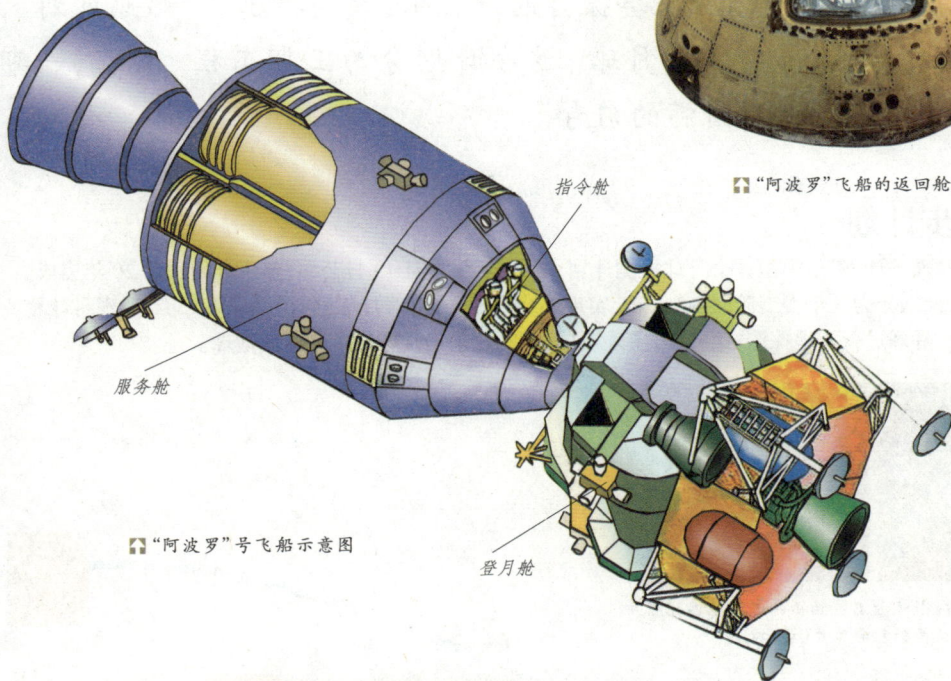

⬆ "阿波罗"飞船的返回舱

指令舱

服务舱

⬆ "阿波罗"号飞船示意图

登月舱

人类的一大步

阿姆斯特朗是踏上月球土地的第一人，他用无线电向地球传达了这一消息。他在月球上留下了人类的第一个脚印，这是他在月球上迈出的一小步，却是人类航天史上的一大步。

⬆ 阿姆斯特朗在月球上留下的脚印。

"嫦娥"工程

早在古代，我国就有"嫦娥奔月"的美丽传说。到了科学技术高度发达的现代，在人类探月的进程中，我国推出了"嫦娥计划"，要让"嫦娥"真的登上月球。这个计划分为三期工程。目前，一期工程已经划上了圆满的句号。

三步计划

"嫦娥计划"是中国首个月球探测计划，于2004年2月13日公布，整个计划预计20年完成。这次计划分为3个发展阶段：第一步，实现环绕月球飞行，对月球进行考察；第二步，实现月球登陆，对月球进行实地探测；第三步，实现机器人登月，采集月球样本并返回地球。

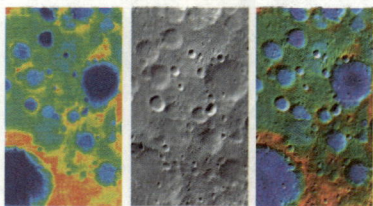

"嫦娥"1号卫星拍摄的万户撞击坑照片（中）及其伪色彩照片（左、右）。

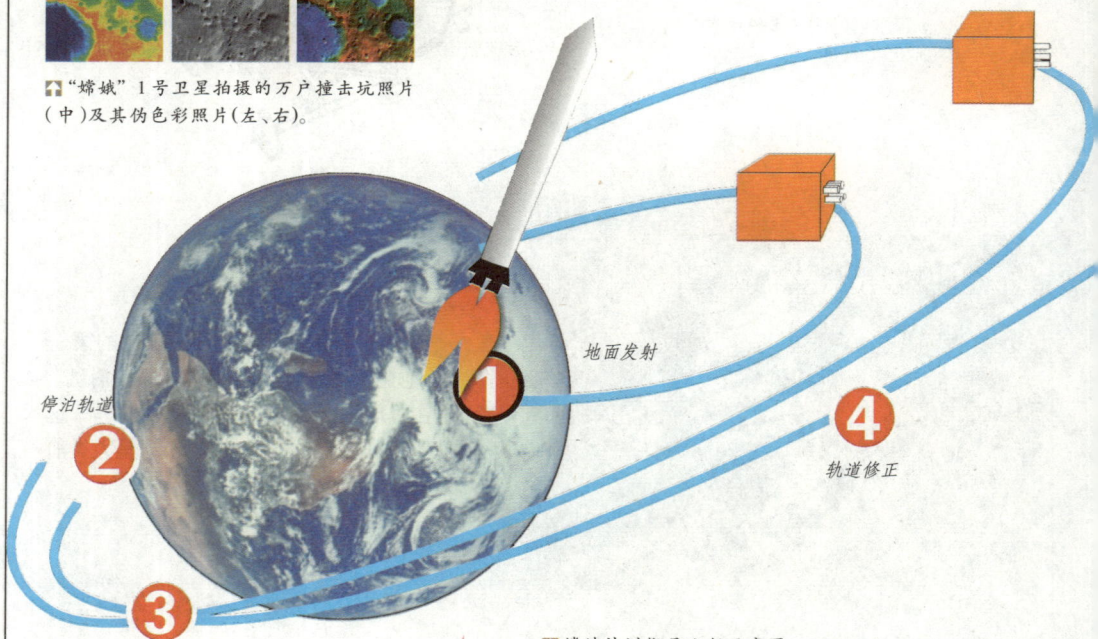

地面发射

停泊轨道

轨道修正

嫦娥计划绕月飞行示意图

成功登月

    2007 年 10 月 24 日,"嫦娥" 1 号探测器从西昌卫星发射中心成功发射。卫星发射后,于 11 月 7 日正式进入工作轨道,11 月 20 日开始传回探测数据。"嫦娥" 1 号成功飞天为我国航天技术的进一步发展打下更好的基础。

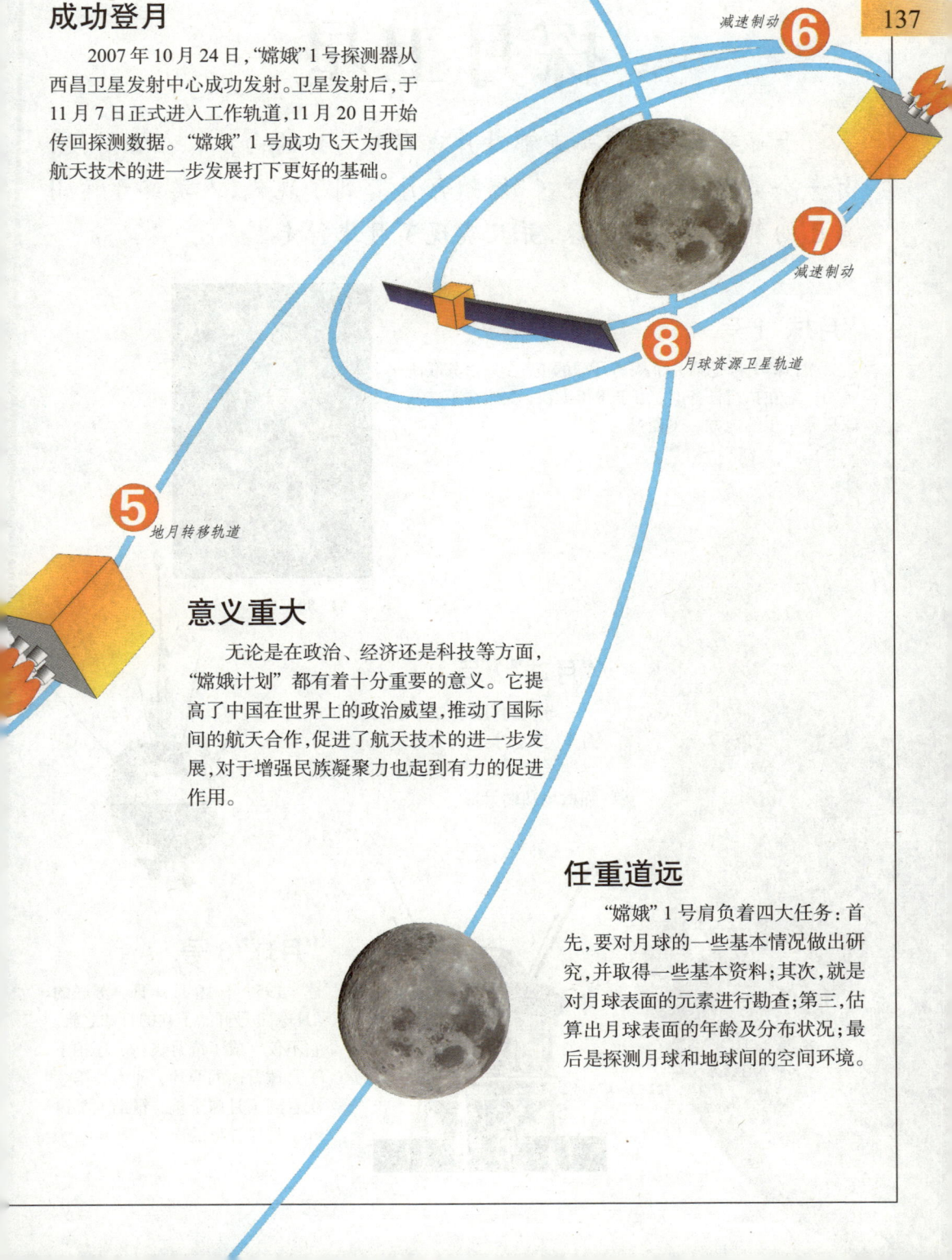

6 减速制动

7 减速制动

8 月球资源卫星轨道

5 地月转移轨道

意义重大

    无论是在政治、经济还是科技等方面,"嫦娥计划"都有着十分重要的意义。它提高了中国在世界上的政治威望,推动了国际间的航天合作,促进了航天技术的进一步发展,对于增强民族凝聚力也起到有力的促进作用。

任重道远

    "嫦娥" 1 号肩负着四大任务:首先,要对月球的一些基本情况做出研究,并取得一些基本资料;其次,就是对月球表面的元素进行勘查;第三,估算出月球表面的年龄及分布状况;最后是探测月球和地球间的空间环境。

探月卫星

千百年来，人们一直都对月球有着美好的向往。在古时候，有一个美丽的神话传说叫"嫦娥奔月"。到了现代，人类终于运用自己的智慧登上了月球，并且实现了月球行走。

"月球"1号

"月球"1号是第一个探访月球的卫星，是由苏联研制的。它在执行任务时，由于飞得太快，竟然在距离月球只差一步的地方一飞而过。

↑ "月球"1号

"月球"2号

苏联的"月球"2号于1959年9月12日发射，它对月球进行了成功探测，使人类了解到月球周围没有强磁场和辐射带。

➡ "月球"2号

"月球"3号

1959年10月4日，苏联的"月球"3号开始了它的月球之旅。它不仅完成了绕月飞行，还拍下了月球背面的照片，使人类第一次看到了月球全貌，帮助人类掀开了月球神秘的面纱。

➡ "月球"3号

"徘徊者"号探测器

"徘徊者"号系列探测器是美国为"阿波罗"号飞船登月作准备而发射的月球探测器。从1961年8月到1965年3月，"徘徊者"号共发射9个，其主要任务是为月球拍照等。

◄ "徘徊者"号探测器身上装有两个庞大的太阳能电池板，看起来就像是一只大蜻蜓。

"勘测者"号探测器

"勘测者"号系列探测器是美国为"阿波罗"号飞船登月作准备而发射的不载人月球探测器，从1966年5月到1968年1月共发射7个，大部分在月面软着陆成功。其主要任务是进行月面软着陆试验，探测月球并为"阿波罗"号飞船载人登月选择着陆点。

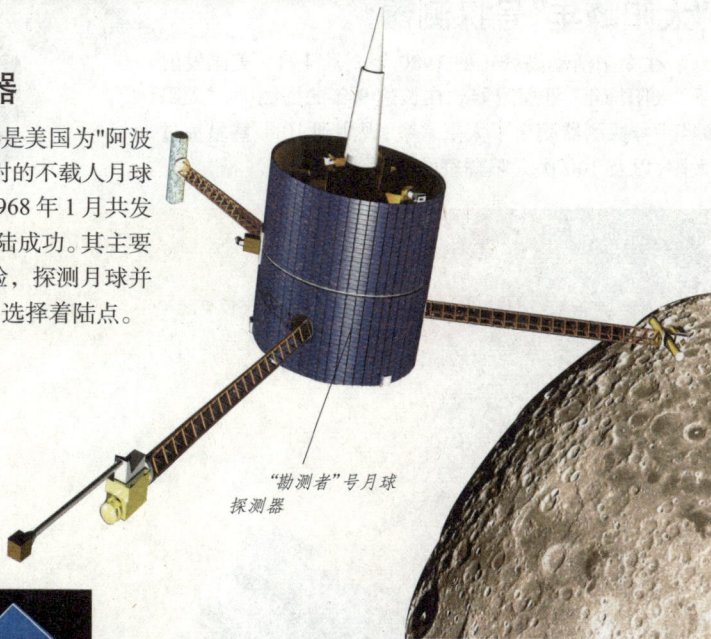

"勘测者"号月球探测器

"嫦娥一号"

"嫦娥一号"是我国第一颗探月卫星。它于2007年10月24日从西昌卫星发射中心成功发射。同年11月7日，"嫦娥一号"正式进入工作轨道，11月20日开始传回探测数据。

⬆ 嫦娥一号

太阳探测器

　　每天清晨，太阳都会从东方升起。它总是带给我们光明和温暖，也带给我们一天的好心情。为了探明太阳的秘密和更好地利用太阳赐予人类的能量，人类派出了太阳探测器。

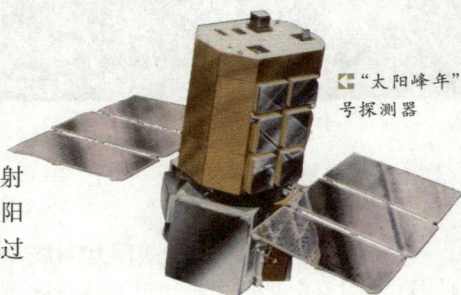
⬅ "太阳峰年"号探测器

"太阳峰年"号探测器

　　在太阳活动高峰年的 1980 年 2 月 4 日，美国发射了"太阳峰年"号探测器。在长达 9 年的探测中，"太阳峰年"号探测器测出了太阳常数，观测到 10 颗彗星掠过太阳，以及 100 次太阳耀斑的爆发等。

↖ 太阳和日球层探测器是欧洲航天局及美国国家航空航天局共同研制的无人太空船，于 1995 年发射升空。

"尤利西斯"号太阳探测器

1990 年 10 月 6 日,美国"发现"号航天飞机将"尤利西斯"号太阳探测器送入太空。它的任务是探测太阳两极及其巨大的磁场、宇宙射线、宇宙尘埃等。

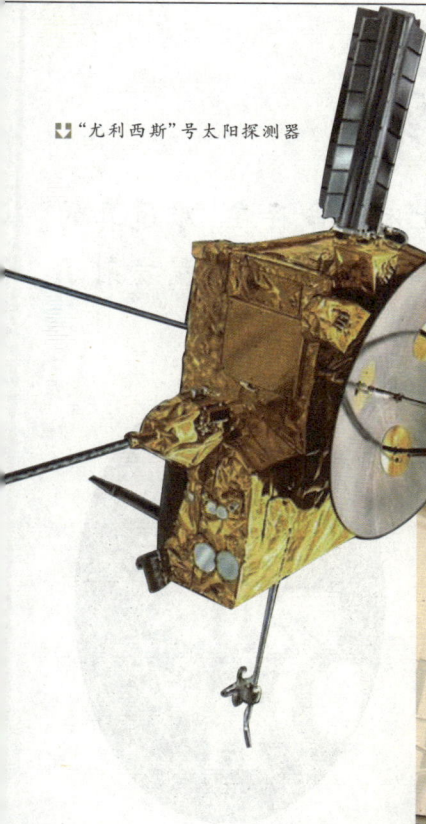
"尤利西斯"号太阳探测器

发射前的"尤利西斯"号太阳探测器

成果显著

通过"尤利西斯"号发回的数据,研究人员发现,太阳发出的太阳风有快、慢之分,不同纬度上太阳风的速度不同。除此之外,"尤利西斯"号还提供了大量关于太阳磁场以及太阳表面活动情况的新信息。

"风"号探测器

美国的"风"号探测器在 1994 年 11 月 1 日发射升空,进入太阳和地球之间的运行轨道,它的主要任务是测量太阳风的质量、动力和能量等。

太阳过渡区与日冕探测器是美国宇航局于 1998 年发射的一颗太阳探测卫星。

火星探秘

很长时间以来,人类一直怀疑火星上有生命存在,难道真的有火星人吗?为了揭开这个秘密,目前,人类已经向火星发射了三十多个各类探测器,期待它们可以告诉我们答案。

最初的探测

1962 年 11 月,苏联发射的"火星"1 号探测器在飞离地球 1 亿千米时与地面失去联系,从此下落不明,它被看做是火星探测的开端。

↑ "火星"1 号探测器

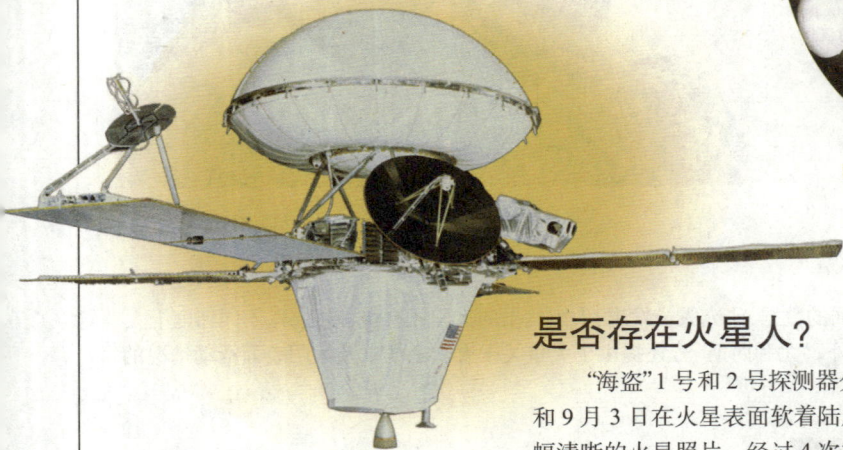
↑ "海盗"1 号探测器

是否存在火星人?

"海盗"1 号和 2 号探测器分别于 1976 年 7 月 20 日和 9 月 3 日在火星表面软着陆成功,它们共发回 5 万多幅清晰的火星照片。经过 4 次探测,它们推翻了存在火星人的设想。

"火星观察者"号

1992 年 9 月 25 日，"火星观察者"号探测器发射成功。它的任务是绘制整个火星表面图，预告火星气候，测量火星各种数据，进一步揭示火星上是否存在处于原始阶段的生命现象。

▶ "火星观察者"号

"勇气"号火星车

2003 年 6 月 10 日，携带"勇气"号火星车的美国"火星探测流浪者"号探测器发射升空。"勇气"号火星车对火星进行了大量探测，第一次找到火星上曾有水存在的证据。

▶ "勇气"号火星车

与木星共舞

　　木星是太阳系八大行星之一，只是一颗平凡的行星。但是，木星的卫星却引来很多科学家的兴趣，因为他们认为那里也许存在着太阳系的另一批居民——微生物。

⬆ "先驱者" 10 号探测器

⬆ 美国的 "先驱者" 10 号和 11 号探测器上各自携带了一张特殊的地球名片。名片上有一男一女的人像，男人右手举起表示向地球以外的智慧生命致意。

"先驱者" 10 号探测器

　　"先驱者" 10 号探测器重约 260 千克，高 2.4 米，是美国研制的木星探测器。它探测到木星规模宏大的磁层，研究了木星大气，送回 300 多幅木星云层和木星卫星的彩色电视图像。

"旅行者"1号探测器

1977 年 8 月 20 日, 美国发射了 "旅行者"1 号探测器。1979 年 3 月 5 日, "旅行者"1 号在距木星 27.5 万千米处与木星会合, 在 3 天之内探测了木星和四个伽利略卫星以及木卫五。

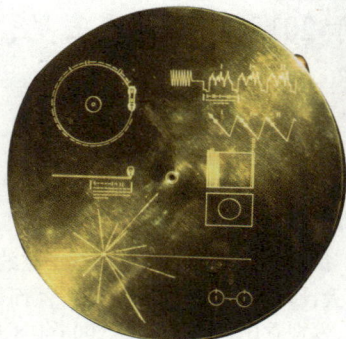
⬆ "旅行者"1号探测器

⬆ 旅行者金唱片

"伽利略"号探测器

美国"伽利略"号探测器由木星轨道探测器和大气探测器两部分组成。它的主要考察目标是木星及其 16 颗卫星, 包括施放一个探测装置直接进入木星大气层考察。

⬆ "旅行者"1号拍摄到木星大红斑

⬆ "伽利略"号探测器

惊人的发现

在长达 14 年的太空飞行中, "伽利略"号探测器向地面发回了大量的数据和图像, 其中最有价值的发现是, 探测到木卫二的表层下可能存在着海洋, 这让人类看到了外星生命存在的希望。

探测冥王星

冥王星是太阳系中唯一一个尚未有人造行星探测器到访的行星,但"新地平线"号探测器的成功发射改变了这一状况。如果一切顺利的话,"新地平线"号探测器将于2015年到达冥王星,届时冥王星的神秘面纱将被揭开。

冥王星的"降格"

冥王星最初发现时,因为当时的人们错估了冥王星的质量,以为冥王星比地球还大,所以将其命名为大行星。然而,经过近30年的进一步观测,发现它比月球还要小。2006年8月,国际天文联合会第26届大会决定,将冥王星列入矮行星之列。

← "新地平线"号
探测器发射

↑ 冥王星和它的卫星卡戎星

"新地平线"号探测器

美国国家航空航天局研制的"新地平线"号探测器是第一个造访冥王星的探测器。它原定于2006年1月17日发射,因故推迟了两天,于1月19日顺利发射,预计在2015年7月14日接近冥王星。

漫长的旅程

"新地平线"号在升空的最初 13 个月里,是航行初期阶段;之后,工作人员会对整个探测器进行检查,修正它的飞行轨道,并为接近冥王星做准备;在与冥王星相遇后,它将进入柯伊伯带,对柯伊伯带的天体进行探测。

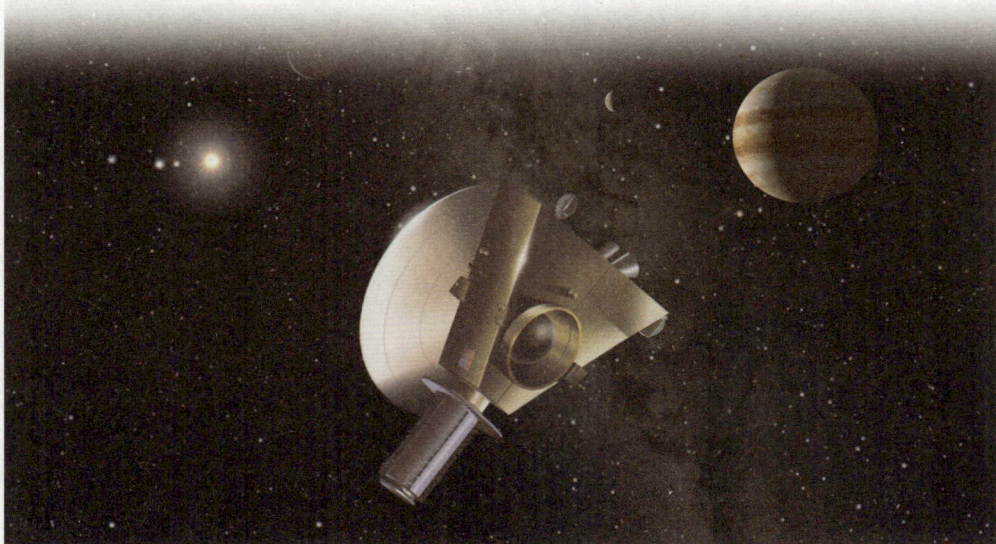

⬆ "新地平线"号探测器艺术想象图

速度惊人

"新地平线"号是人类有史以来速度最快的人造飞行物体,它飞越月亮绕地球轨道用了不到 9 小时,到达木星引力区只需 13 个月。而同样的路程"阿波罗"登月时用了 3 天时间,"伽利略"号飞抵木星需要 4 年。

➡ "新地平线"号探测器约有钢琴大小,长 2.1 米,重 454 千克。

太空中的危险

人类在探索太空的过程中，也给太空造成了一定的伤害，比如留下了一些废弃的航天器的零件、碎片等。这些东西长时间留在太空中，不仅给太空环境造成影响，甚至影响到了地球。

太空中的危险分子

太空中的危险分子千奇百怪，有废弃的卫星、火箭的末级残片、各种各样的零件和金属块以及脱落的涂料；还有火箭爆炸、卫星相撞产生的碎片，它们都对太空构成巨大的威胁。

⬆ 地球外围布满了废弃的和正在使用的卫星

数量可观

据统计，自人类开始频频探索地外空间以来，太空中的航天器爆炸事件已经发生了近20起，在宇宙中残留了上亿片的垃圾。其中，能给人类的太空活动带来危险的垃圾已有数百万个。

⬆ 北美防空司令部利用雷达监测地球轨道上的垃圾。

威力无穷

残留在太空中的火箭碎片在发生碰撞时，可以释放出极大的能量,极小一块就足以给人造卫星或者航天器造成巨大损伤,一块1厘米大小的飞行碎物就可以击穿任何一个航天飞行器的外壳。

危害巨大

太空垃圾看起来并不起眼,但是,它们的危害却是非常严重的。虽然大部分太空垃圾在大气层中烧毁了,但少数垃圾受地球引力的作用重新回到地球上,会给人类带来恐慌和灾难。

⬆ 废弃的太空站是最引人注目的太空垃圾。

撞击彗星

2005年7月4日,由美国宇航局设计建造的人类首个彗星撞击器"深度撞击"号,成功击中"坦普尔"1号彗星的彗核表面,它标志着人类历史上首次空间实验成功完成。

开始"追星"之旅

"深度撞击"计划最早于1996年由3位美国科学家提出,1999年11月1日正式启动。2005年1月12日,"深度撞击"号彗星探测器成功进入太空,开始了自己的"追星"之旅。

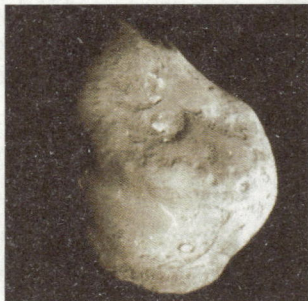
⬆"坦普尔"1号彗星

彗星探测器

"深度撞击"号彗星探测器由两部分组成,即母船和撞击舱。母船主要负责近距离观测撞击彗星的过程,并把观测数据传回地球;撞击舱带有定位感应装置,能够帮助探测器定位飞行轨道。

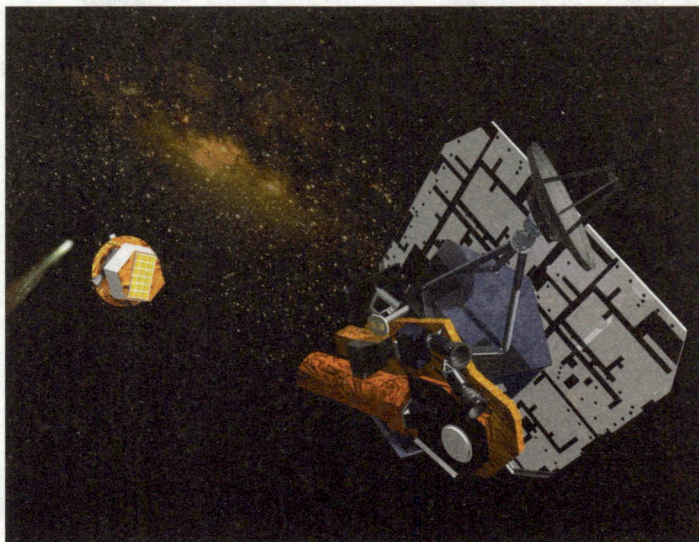
⬆"深度撞击"号母船与撞击舱分离。

⬆ "深度撞击"号撞击成功。

撞击成功

在经过 3 次轨道修正后,撞击器最终成功击中了"坦普尔"1 号。根据推算,撞击使彗核表面留下一个约 30 米深、一个足球场面积那么大的深坑。

意义重大

撞击彗星是人类预防小型天体撞击地球的一次有益尝试,它使人类为撞击小型天体积累了宝贵经验,让我们看到动用人类自己的力量避免天外灾难的希望。

未来航天

　　人类对太空的探索才刚刚起步,未来还有很大的发展空间。随着人类对太空的了解越来越多,就更意识到还有许多未解之谜等待着人类一一破解。未来的航天,将带领人类去往更遥远的星际空间,探索更神秘的未知世界。

高速飞行

　　为了能够在相同的时间内走得更远,人类希望借助推力火箭发动机的力量,使航天器能够以非常快的速度飞行,在更短的时间里到达更远的地方,帮助人类更好地探索宇宙奥秘。

火星基地

　　火星与地球是近邻,但它的环境与地球差异很大。人类计划在 21 世纪中叶,建立起具有相当规模的“火星城”,届时,将会有大批的地球人在上面工作、居住。但是在建立真正的火球基地之前,人类还需要克服很多困难。

火星基地想象图

时空隧道

科学家已设想出建造时空隧道的原理和方法。在时空隧道中，飞船就好像一枚大头针，另一个星球就好像"磁铁"一样将这枚"大头针"吸过去。在这样的隧道里，飞行只需要很短的时间，去往另一个星球十分轻松。

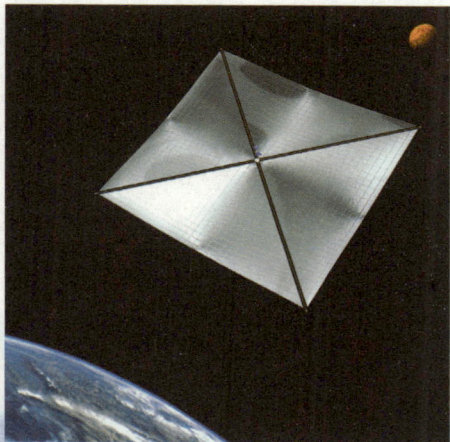
➡️ 时空隧道假想图

⬆️ 太阳风帆

利用太阳风

太阳风是太阳辐射的一种重要方式。科学家们想利用"风帆"的原理，发明一种太阳帆船。太阳可以源源不断地向帆船提供动力，借助太阳风的力量，帆船就可以在太空航行了。

⬆️ 未来太空城想象图

太空城

早在 1903 年，俄国的齐奥尔科夫斯基就提出了太空城的构思。在太空城中有人类居住的城市、太空工业城、太空科研城等，各个太空城之间还有方便的太空船和太空列车。我们期待在未来这一愿望能够实现。

少儿百科探秘
SHAOER BAIKE TANMI

交通和航天

JIAOTONG HE HANGTIAN